子どものこころのS・O・Sをどう「きく」か

吉川 武彦
中部学院大学大学院／研究科長・教授
国立精神・神経センター精神保健研究所／名誉所長

少年写真新聞社

目次

周囲との距離がとれない
――孤立してしまう子どもたち――

こころのブレーキがきかなくなる
――がまんできない、その背景は――

〝効率主義と決めつけ〟がストレスを
――おとなの価値観で子どもたちを決めつけてはいませんか――

第2章　思春期のこころの健康
——こころのS・O・Sは思春期に——

思春期を生きる子どもたち
――思春期の定義と特徴――

思春期のこころの背景
――身体発達と二次性徴――

思春期のこころを理解する
――ひとり立ちへの厳しい旅――

早期発見のポイントは

—— 教室で、保健室で ——

思春期の子どもたちのとらえ方

—— 危機としての思春期 ——

思春期の子の懐に入っていくために

—— 教師や親のこころ配りのまえに ——

思春期の子どもに共通した悩み
――親や教師、なかでも養護教諭の役割は――

思春期を乗り越えられない子ども
――いつ、どのように手助けするか――

第3章　教師のメンタルヘルス
―こころのS・O・Sを発信する教師たち―

メンタルヘルスとストレス

――ストレス理解を深める――

ストレスの解消方法

――合わせて自分づくりを――

教師のメンタルヘルス

――王道はないが――

はじめに

この本をお手にしていただき、こころから感謝申し上げます。

初版を出したのは2001年ですが、その前年の2000年は、1年を通じて「17歳問題」が語られた年でした。もちろん語られた内容はつらい悲しいことばかりであったように思います。なぜならば、「17歳問題」のほとんどすべてが犯罪や非行がらみのことだったからです。このことは子育て真っ最中の親たちを震撼させました。また、教育に携わる人々をも混乱に陥れました。

私はもともと医学を学び精神科医になりましたから、人を病いの方、なかでもこころの病いを診ることを職業としてきました。なかでも精神障害者のリハビリテーションを自分の専門としてきたのですが、子ども大好きということから子どものこころに深く関わるようになりました。その お蔭で次第にいま子どものこころがあまりうまく育っていないことに気づきます。こうしたことから私は、多くの学校現場に伺うようになり、さらには保健所に勤めることによって子育てに深く関わるようになったのです。学校の先生方との勉強会を続けてきましたが、なかでも養護教諭の方々とは長いことおつきあいを願ってきました。

よく保育所に出入りもしました。毎日のように保育所に出向き、それこそ0歳児から5歳児までのどのクラスにも飛び込んで子どもたちと遊んだものです。保育所では「統合保育」の試みもさせていただいたものです。これが1970年の半ばですからもうそろそろ40年にもなるでしょうか。こうした経験をもとにして、私は「こころが危ない」とか「いま、こころの育ちが危ない」というタイトルの本を書くようになりました。

本書初版の原稿を書いていたときには「17歳問題」が表にでているときではありません。ここに綴ってきたことは事件を先取りしたつもりもありませんでしたが、お読みいただいた方々からは大変参考になったとお誉めいただいたり感謝されました。初版より七年がたちましたが、世の中の動きは大筋では変化していないとはいえ、微妙に変わりつつあります。そこで新しい知見も取り入れて版を改めました。

本書をお手にしていただき誠にありがとうございます。こころから感謝申し上げます。

２００８年５月

吉川　武彦

序章

◆はじめに

いま、子どもたちの「暴力」が喧しく論じられています。でも「なぜこのような現象が表れるのか」ということについてはあまり論じられていません。私にはそれが不思議でならないのです。なぜならば〝なぜ〟を考えないで子どもが示す「暴力」に対処しようとしているように思われるからです。つまり「いかに対処するか」を考えるためには「なぜそれが起こるのか」を考えることが重要だと思います。

先を急ぐようですが、私は、子どもたちが示す「暴力」は子どもたちがそれなりに抱く自己主張の表れととらえなければならないと考えます。大人でも子どもでも、自己主張をどのように表すかは、その人のこころの成熟度と深い関係にあるといえます。さらに踏み込めばそのこころの成熟は養育環境と深く関連していると言えると思います。つまり、子どもが示す「暴力」は時代の影響を受けていることは確かなのです。

◆自己主張としての「暴力」をみよう

ここまで私は「暴力」を括弧書きで示してきましたが、それは〝暴力をふるう子〟

といったイメージで暴力を語るためではないからです。ここから先は括弧書きをしないで暴力という言葉を使うことにします。その暴力を〝自己主張としての暴力〟と言い換えると、この自己主張としての暴力には「外向きの暴力」と「内向きの暴力」があることがわかります。外向きの暴力とはいわば対社会的に向かう暴力で〝対他的に向かう暴力〟といえます。内向きの暴力とは〝対自的に向かう暴力〟です。

自己主張としての外向きの暴力である対社会的暴力とは、社会体制を変えようとするために振るわれるもので、デモもそのひとつでありテロ行為もそのひとつです。内向きの暴力である対自的暴力とは、拒食や自傷行為あるいは自殺行為のほか自己を社会的に抹殺しようとする行為を含みます。つまり暴力の対象は自分自身であり、自分に向かう自己主張としての暴力をいうといえます。

◆子どもたちの暴力の系譜をたどる

かねてから私は、戦後社会における子どもたちの暴力は時代とともに大きく変化してきたととらえてきました。年代とともに暴力を向ける対象が変わってきたことも確かですがその暴力の質も変わってきたように思います。それを次のような表にまとめて説明してきました。先の謂いに従えば対他的暴力は、表1の1)から4)までであり、5)は中間的なもの、6)は対自的な暴力といえるでしょう。

表１　暴力の系譜を歴史的に見る

1）1950年～60年
安保闘争に見る国家権力へのプロテスト

2）1960年～70年
大学紛争に見る権威機構へのプロテスト

3）1970年～80年
校内暴力に見る権威象徴へのプロテスト

4）1980年～90年
家庭内暴力に見る親たちへのプロテスト

5）1990年～00年
弱者への暴力としてのいじめ・引きこもり

6）2000年～10年
自己への暴力としてのリストカット・自殺

ここでは「子ども」をやや〝はば広〟にとらえて、思春期・青年期の若者も子どもとして考えています。太平洋戦争に敗れたわが国は、否応なく第2次世界大戦に続く東西対決に巻き込まれて西欧陣営に与することとなりました。このためにアメリカと結んだのが日米安全保障条約でありその改定を目前にした1955年には保守大合同によって自民党が誕生し、一気に安全保障条約改定に突き進むことになりました。

憲法によって一切の戦力を否定し恒久平和を目指した国づくりをしてきたはずの私たちでした。そのわが国が東西冷戦に加担する国に変貌するとき、これに抵抗しようとした国民は連日のように国会を取り囲み「安保反対」を声高に訴えましたが、その中軸となったのは大学生です。これは国家権力に抵抗、プロテストした闘争だったといえましょう。このさなかに樺　美智子さんが亡くなられたことは今なお語り継がれています。

安保闘争は国家権力の象徴である警察によって圧し潰されましたが、大学生は学問の自由を求めて「大学闘争」を始めます。どの大学にも「タテカン（立て看）」が立ち並び、大学の権威構造に抵抗、プロテストしました。1969年の東大安田講堂の攻防はその最終決着とも言えるもので、これが権威機構に抵抗した大学紛争でした。こうした大学紛争も地方に拡散していくうちに胡散霧散していくのですが、そのあとに広がったのが高校生による校内暴力です。

この校内暴力は高校から中学に波及し、その矛先は校長や教頭のみならず担任などに向かいましたが、その暴力は権威象徴へのプロテストととらえることができます。１９７０年からの10年を彩ったのはこの校内暴力でしたが、これに飽き足らない子どもたちは暴走行為を繰り返して反社会的暴力を示したものです。校内暴力は警察権力に頼らないまま体育教師などの力でねじ伏せられましたが集団暴走行為は警察権力によって押さえつけられました。

◆子どもたちのエネルギーが小さくなって

すでにおわかりのように、こうして子どもたちの自己主張は高大な権力を有する国家に向かっていたものから、権威機構である大学や権威象徴である学校に向かうものと変化しています。つまりそれだけエネルギーが小さくなったというべきであり、それが家庭内に向くこととなったというわけです。その傾向は今日まで続きますが、親もまた権威象徴でもあるので家庭内暴力を持続することはそれなりに精神的（心的）エネルギーを必要とします。こうして子どもたちの暴力は自分よりも弱いものに向かうことになったのです。

弱いものに向かうだけの心的エネルギーのない子は、自己の殻のなかに閉じこもり引きこもり始めました。これが1990年から2000年に若者たちが見せた社会現象といえましょう。こうして私たちは〝いま〟に至るわけですが、その〝いま〟、若者たちが見せる暴力は、対自的暴力としての「自己への暴力としてのリストカット・自殺」なのです。またこのような暴力は大学紛争がそうであったように、そしてこういう暴力がそうであったように〝大都市から中小都市へという地域的な広がり〟つまり「水平方向への拡散」を示します。そのために要する歳月はほぼ10年と見ていいようです。さらに「水平方向への拡散」がみられるほか、〝低年齢化と高年齢化に2方向性をもつ年齢的な広がり〟として「垂直方向への拡散」が見られるということもまた視野に入れなければいけませんが、これにも異変が見られるようです。

◆「登校拒否」ではなくなぜ「不登校」となったのか

内向きになってきた暴力の表れとして「登校拒否」がなぜ「不登校」と呼ばれるようになったかを考えてみます。

かつて学校に行きたくても行けなかった子どもたちを「学校神経症」と精神科医はいってきました。なぜなら学校へ行きたいという心性とそれを圧し潰すほどの外圧があって、その狭間で子どもたちのこころが揺れ動いていることを取り上げて「神経症」だと考えたのです。ところが学校へ行かない子どもたちのなかに学校改革を叫び始めた高校生たちが加わるに及んで学校神経症とは一線を画すべき〝拒否的心性〟をもった「登校拒否」と呼ぶことにふさわしい子どもたちが現れたのです。熱血教師による指導がもてはやされたのは、こうした拒否的心性を嗅ぎ取った教師が、拒否的心性の裏にある学習意欲の高さや自らの人生を切り開こうとする意志の強さを認めて彼らに働きかけることに成功した結果、登校拒否からの回復に成功したといえるでしょう。

一般的には校内暴力が華やかであった1970年代の終わり頃、強い登校意志の認められない子どもが学校にでたがらないという行動は、登校を拒否しているわけではないので「不登校」といおうと提案したのは清水将之です。その提言を文部省(現・文部科学省)が受け入れるまでにはまだ20年ほどの歳月が必要でしたが、この提言は極めて当を得たものでした。

拒否的な心性をもつ「登校拒否」とは、学校という〝権威機構に対する拒否〟が行動として不登校を示したものであったといえますが、新たな「不登校」はこの〝権威機構に対する拒否〟の面はまったく見られません。ただ見られるのは〝学校に行ってもしょうがない〟という意欲低下の状況といえるでしょう。わずかに見られるのは〝親たちへのプロテスト〟としての「登校拒否」ぐらいでしょうか。簡単にいえば、学校に行かないことで親たちに反抗しているということです。

ところが、この程度の抵抗であっても抵抗を示すためにはそれなりの自我の形成が見られなければなりません。その自我形成の遅れが目立つようになれば、こうした抵抗は薄れて行くばかりでしょう。それが今日的な「不登校」といえるのです。したがって今日的な「不登校」は、この自我形成の遅れによって生み出されたものと言えると思うのです。では、その自我形成の遅れはなぜこれほどまでに進んだのでしょうか。

◆私たちの国づくりと子育て

太平洋戦争に負けたわが国は農業重視の社会に転換しました。でも、自由主義国家と共産主義国家との代理戦争でもある１９５０年に勃発した朝鮮戦争にわが国も巻き込まれ、いったん捨てたはずの重工業社会重視の社会に戻り近代工業化に邁進することになりました。そのお蔭でわが国は豊かにもなりましたが、子育てや教育という視点から見ると、そこに落とし穴があったのではないかと私は見ています。

まずは次の表を見て下さい。

表2　私たちの国づくりと子育て

近代工業化のキーワード		子育てに使われてきた言葉
S・スピードの重視	→	早くしなさい
S・生産性の奨励	→	頑張りなさい
K・管理の強化	→	しっかりしなさい
K・画一化の推進	→	みんなと同じにしなさい

第1章にも触れますが、私たちの国は、朝鮮戦争が終結したあとも近代工業化を進めるために「スピードを重視（S）」してきましたし、単位時間により多くのものを生産する「生産性を奨励（S）」してきました。また、生産や流通を厳しく管理する「管理の強化（K）」に務めてきましたし、オンライン生産ができるように規格を決めるなど「画一化の推進（K）」をしてきました。この『S／S／K／K』を合い言葉にしてわが国は世界に冠たる工業国になったのです。

でも、この表を注意深く見て下さい。表2の右側には子育てや学校でよく口にする言葉を並べましたが、この『S／S／K／K』によく対応しています。これを見てもおわかりのように、わが国の近代工業化に際して使われたキーワードは、子育てや学校教育にそのまま使われてきました。言い換えるまでもなく、わが国のもの（物）生産や流通に用いられてきた考え方そのもので子育てをしてきたといえるでしょう。

子どもたちは、自分らしさをつくることも許されず、ただひたすら早くしないといけないと思いこまされ、早いことがいいことだと言われてきたのです。そして、何をするときでもいつでも頑張らなければいけないとハッパをかけられ、頑張れない子はだめな子だと思い込まされてきました。また、いつでもしっかりしなさいと言われてきましたし、さらにみんなと同じようにしなさいと指示され、皆と外れたことをしていると〝なぜみんなと一緒にやれないの〟と叱られたのです。その挙げ句〝みんなと一緒にしていないとシカトされる〟とも脅かされもしたのです。

◆子どもたちに与えつづけたメッセージは何を生んだか

このように、子どもたちに掛けてきた「早くしなさい」「頑張りなさい」「しっかりしなさい」「みんなと同じにしなさい」という言葉は近代工業化が進めてきた『S／S／K／K』に極めてよく合致するばかりでなく、子育てや学校教育では「人の助けを借りてはいけない」とか「何でも自分でやれるようになる」といい続けて自立を促してきました。そこに込められたメッセージは「なんでも自分でやれる子がいい子」であり「他人に助けを求めるようではだめだ」というものです。

このように育った子どもたちがお互いに助け合うように育つわけがありません。なぜなら、人に助けを求めてはいけないと育てられた子なのですから人に助けを求めるはずがありませんし、人に助けを求めてはいけないと言われているのですから人を助けるはずがないからです。人は、失敗をしたり成功したりしながら成長するのです。他人に助けてもらったり助けてあげたりしながら育ち合うのです。このような人と人との関係があってこそ自分らしさがつくられるのです。自分の殻に閉じこもっているだけでは自分らしさ、つまり適切な自我は形成されません。自我形成にはそれなりの〝余分な〟行動が必要なのです。それを考えると、私たちの戦後の子育てや学校教育はどこかがおかしかったというしかないのです。

◆「ビー玉人間」を生んでしまった

人は誰もが自分の心的エネルギーを大きくするために努力を惜しみません。その努力のひとつに、他者、なかでも親や友人からエネルギーの補給を受けることで自分自身の心的エネルギーを大きくするという手法を用います。この方法はもっとも手っ取り早くそれがまた確実な方法です。他者との関係が薄れるということは心的エネルギーの補給がままならなくなるということです。

私は「ビー玉人間」という言葉をつくって、薄れた人間関係しかもてなくなった人たちのもつ問題点を説明してきました。「ビー玉」はガラスのかたまりを磨きに磨いて丸くしたものです。表面はつるつるですべすべしており光っていてきれいです。色のついたガラスのかたまりからつくったビー玉は、インテリアにもなるほどです。このビー玉を紙の袋に入れればお互いにくっつきあっていますが、その袋を破けばバラバラに散ってしまいます。つまりお互いにくっつきあっているように見えても「球と球」が点で接しているだけなので、お互いが面で接しているわけではありません。ですから互いに摩擦し合うこともなく、したがって袋が破ればバラバラになって散ってしまうのです。

いい子に育てようという思いから子どもを磨きに磨いてしまえば、つるつるでぴかぴかの光った子、つまり「ビー玉人間」に育つでしょうが、この「ビー玉人間」はいざというときにお互いを支え合うこともできないのです。いまの子育てや学校教育の問題点は、他人に助けてもらったり助けてあげたりするという関係がない「ビー玉人間」を育ててしまうというだけではなく、心的エネルギーの低い子を育ててしまうことにあると私は見ています。

◆弱者に向かうエネルギーもなくなると

もう一度表1（20頁）を見て下さい。表1の1)は、自我形成が高くかつ心的エネルギーも高いものがとった行為といえましょうか。お互いに助け合うことができたからこそ高い目標に向かって発揮した暴力行為であったといえるでしょう。表1の2)は、それから比べれば自我形成にやや遅れがあったとはいえそれなりに高い心的エネルギーをもった学生が仲間意識をもちつつとった暴力行為だったといえましょう。そのエネルギーが圧迫されたとたんにセクト間闘争に転化したのをみてもそれは理解できます。さらに表1の3)は、若さがあるためにまだ心的エネルギーが高かったので向かう対象は小さくなりましたが激しさはあったといえます。それが4)ともなると自我形成にかなり問題をもつとともに心的エネルギーが低くなったために家庭にその対象を求めるという暴力行為となりました。そのときでもまだエネルギーのあったものたちは、若者どうしでつるんで暴走行為をしたものです。このように、1)から4)までは間違いなく対他的暴力でしたし、自我形成が十分とはいえないものの心的エネルギーはまだ外圧に対してプロテストするだけのものをもっていたといえます。

しかしながら表1の5)ともなりますと、その「暴力」は弱者へ向かう暴力となってしまいました。それが〝いじめ〟なのです。暴力をふるうとはいえ、その暴力を支える心的エネルギーは低く、自分よりも弱いものにしか向けられない心的エネルギーの低い対他的暴力です。それに続いて広がった〝引きこもり〟こそ、家族に対するわずかな抵抗としての意味をもつプロテストですが、そのほとんどは心的エネルギーが低い対自的暴力の表れとみていいものです。その謂いに従えば、表1の6)に示したリストカットは、自分自身を傷つける行為でありまさに対自的暴力といえましょう。さらにその先の対自的暴力は自殺だといえると思います。自殺は自分を亡き者にする行為で、対他的暴力を示すだけの心的エネルギーのない、究極の対自的暴力といえると思うのです。

◆「護『心』のナイフ」をもつしかなかった少年

冒頭に述べた〝自己主張としての「暴力」〟とはここまでをいうものです。それがいま変わりつつあるように私には思えてなりません。実際、いま、子どもによる家庭内暴力が増えているといいます。いったいなぜなのでしょうか。また、校内暴力も増えているといいます。これらの家庭内暴力も校内暴力も「刃物」を使っての対人的な加害行為としての暴力が目立っています。いったいなぜなのでしょうか。

かつて私は、栃木県で起こった中学1年生が英語の教師を刺し殺した事件についてやや詳細に述べる機会を得たことがあります。そのときに私は、「これは、こころに刃物を突きつけられ続けてきた少年が追いつめられ、〝護心〟―護身の誤りではありません―の刃物を振るった事件」と理解することが重要であるという指摘をしました。この事件にこのような解説をしたのは、自我の形成度が高い子であればたとえ追いつめられたとしても、自分がとる行動の選択肢は多いのですが、自我の形成度が低い子であれば自分がとる行動の選択肢は少なくなりますから、選択する行動は必然的に短絡的になるおそれがあります。

こうした自我の形成度の低い少年には、自我の形成度に適した指導が行われなければならないのですが、残念ながら〝どの子にも同じように接する〟という一斉・一律の教育観が災いして、子どものこころをぐさりと突き刺すような接し方をしてしまい、この子に〝護心のナイフ〟を振るわせるという短絡的行為を誘発してしまったと私は考えたのでした。２００６年から２００７年にかけて、これに類した事件・事故がよく見られます。奈良の事件は親子の間に起こった事件でしたし、東京・渋谷の事件は兄妹間に見られた事件でした。いずれも家庭内の暴力事件です。

１９８０年頃から１９９０年頃に見られた、心的エネルギーの低い子が家庭内暴力を起こし心的エネルギーの高い子が暴走行為を起こした時期とよく似た現象が見られると私は見ています。追いつめられた人が、残り火をかき立てるように心理的エネルギーを振るってしまう事件・事故と見ることができるように思うのです。でも、この１９８０年頃から１９９０年頃に続いて起こった「いじめ」は、続く２０００年から２０１０年にピークとなるリストカットに続いたように、本当に怖いのは非社会化していく暴力だということです。そしてその最たるものが「自殺」であることは誰しも気づくことなのです。こう考えると、子どもたちの暴力はいったいどこに向かおうとしているのでしょうか。その向かう先を極めるのではなく、いま私たちは何をしなければならないかを考えなければならないように私には思えてなりません。

第1章

ことばにならないこころのS・O・S

ムカつく・キレるこころに向き合う

周囲との距離がとれない

―― 孤立してしまう子どもたち ――

◆はじめに

この章は、『ムカつく・キレるこころに向き合う』というテーマをもっています。副題に「ことばにならないこころのS・O・S」とつけましたように、いま、子どもたちは、こころのS・O・Sをことばで発しません。彼らのこころがどのように押し込められ、つらい思いを抱いているか察しようにも、彼らが何もいってくれませんからわからないといわれます。このような悩みを背負っているのは、学校も家庭も同じです。

そこで、私は、わかっているようでよくわからない「こころ」について、本書でお伝えしながら、子どもたちが、なぜ、「ムカつく」や「キレる」ということばを使って自己表現しようとするのかを考えていきます。本章をお読みくださるみなさま、なかでも養護教諭はもとより教科担当の教諭あるいは問題をかかえたお子さまをおもちの親に、こどもたちのこころの読み方に変化が起こることになれば幸いです。

◆子どもたちはなぜ保健室が好きなのか

学校にはでて来るけれど、すぐに保健室に来る子がいます。始業の鐘が鳴るまでなんとなく保健室でぶらぶらしていたり、養護教諭をつかまえて話し込んだりします。学校までは来るのですから、登校拒否ではありません。授業が始まれば教室に行くのですから、手が掛かるというほどでもないでしょう。授業が終わると、またふらっと保健室に現れたりもします。そのとき、一人で来るか、二、三人が連なって来るかの違いはありますが、クラスにいられないという意味では、こころが危うい状態にあるということがいえるでしょう。

子どもたちが「ムカつく、キレる」までには、いくつかの段階がありますが、保健室を好きな子を私は保健室ホビー（1980）と呼んできました。保健室ホビーは「ムカつく、キレる」までのワンステップ。この時期に適切な手当をしなければ、彼らは自分の精神や行動をコントロールできなくなり、周囲に対してムカついたり、こころの統制ができなくなってキレたりします。

では保健室ホビーの子への適切な手当とはどんな手当なのでしょうか。それを考えるために、なぜこんな彼らになってしまったのかを考えてみましょう。

◆周囲との距離がとれない彼ら

彼らは、ムカつくまえに、必ずどこかで「ウッセーな」というセリフを吐いていています。この「ウッセーな」こそ、その子のこころが追いつめられている証拠といっていいでしょう。こころが追いつめられたとき、あなたならどうしますか。その、「自分ならどうするか」という自問が、子どものこころに近づく道なのです。

生まれてこの方、やってもらうだけの生活を繰り返してきた彼らには、自分でやるという生活習慣が育っていません。家庭はもちろんのこと、学校もその非から逃れることはできません。従来型の生活指導は、まさに、子どものためを思ってやっているのですから。

でも、そこに大きな落とし穴があるのです。ボクシングでも、軽いジャブを繰り返して打っておくと、あとで効いてくるといわれますが、「おむつが濡れるとかわいそう」というのから始まる「子育ての軽いジャブ」は、長じるにしたがってそのマイナス効果が大きく現れます。それが「周囲との距離がとれない」という状態なのです。人は関係する存在です。人と人の関係があるからこそ学習が成り立つのです。その学習で、生きる知恵を学びます。孤立することもときには重要ですが、孤立するには「自分らしさ」が必要です。

何してるの…
ウッセーな!!

こころのブレーキがきかなくなる

―― がまんできない、その背景は ――

◆こころを育てるには

子どものこころは、周りにいる人との関係で育っていきます。（図1―①）。親は子の泣き声を聞き分け、子どもが求めているものを探ります。親に依存しなければ子どもは生きられません。親はその依存に応えようとします。そこに親子の結びつきが生まれますが、その結び目を固くするのがお互いの「信頼」でしょう。信頼できると親子は離れられます。

親と子が離れられると、子どもは自分よりも小さな子に関心を寄せていきます。自分よりも小さな子との関係では、はじめは力を振るいすぎたりお節介をしすぎたりしますが、だんだんと〝やりすぎ〟てはいけないことを学習します。つまり、やりたくてもやらないという、「自制（セルフコントロール）」を覚えるのです。（図1―②）。

自制を身につけた子は、自分と同じ年回りの子と競いながら自己認識を深め、さらに他者認識を深め、自立に向かいます（図1―③）。何でも自分ができることが自立ではないのです。自分にできることとできないことをきちんと認識する力がつくことなのですから。

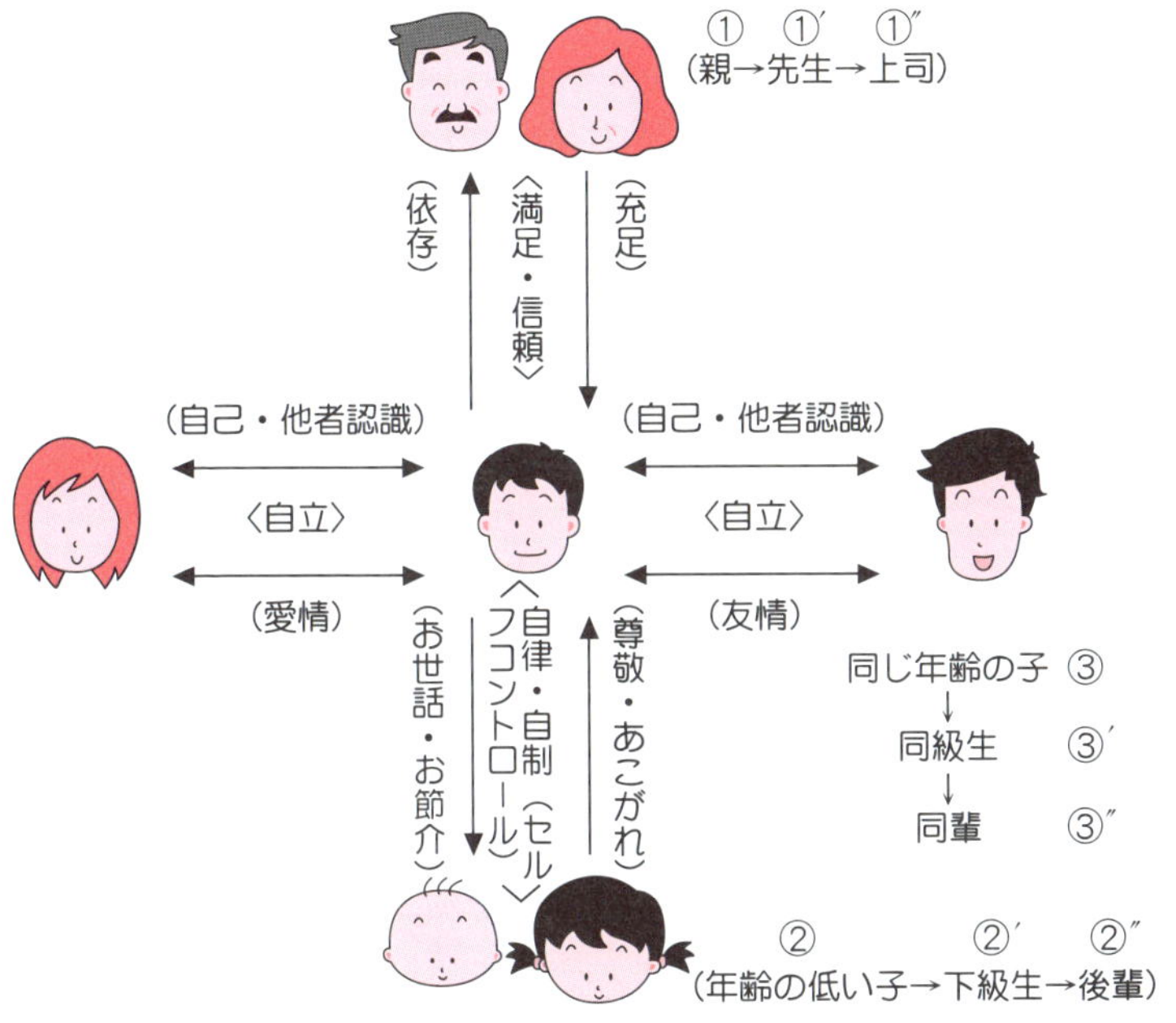

図1　人間関係の発達とこころの発達

◆がまんできないこころの背景は

幸いなことに親との間を信頼が結びつけたとしても、その子を手放さなければ子どもが自分より小さな子とつき合えません。ということは、自制するこころが育たないということです。そもそも、自制心とは、教えてできるものではないのです。小さな子にがまんさせるという体験は、がまんを命じてつくるものではないのです。小さな子と遊びながら〝自然に〟身に付けていくものなのです。

ですから、がまんすることを覚えさせなかったというのは、小さな子と遊ばせなかったという結果と言っていいでしょう。

小さな子を泣かせることなく遊ばせることができた子は、どのタイミングで自制心を発揮しなければならないかということをこころの奥にとめますので、これががまんを育てます。がまんは、「自分づくり」にとっても重要な要素です。その自分づくりは、こころにたまった欲求を周囲にぶつけながら覚えていくがまんがつくり出すものなのです。

◆こころのブレーキがきかなくなる

「いまの子は、なにをするかわからない」「ブレーキがきかない」といいますが、わかろうとしなければ子どもはこころを開いてくれませんし、わかった振りをすれ

ばたちまち見破ります。ブレーキをかけることのできる子どものこころを育てる心理社会的環境を用意しないで、ひたすら型にはめ、そこから逸脱しないように〝教育〟しようとするだけでは、ブレーキのきく子は育ちません。ブレーキは、自分で踏んでこそきくものなのです。ということは、自分自身が自分の行動の判断の主体になることなのです。

　自分自身が自分の行動の判断の主体になるためには、〝それは駄目〟〝あれはダメ〟と禁止するだけでは「ダメ」なのです。

“効率主義と決めつけ”がストレスを

——おとなの価値観で子どもたちを決めつけてはいませんか——

◆「S／S／K／K」からみて

序章で述べましたように、戦後、私たちの国は戦争に加担することのない平和な国をつくろうとしてきました。農業立国を目指したのもこのためです。しかしながら1950年に朝鮮戦争が始まり、わが国は、否応なく戦争に巻き込まれます。こうして私たちの国は工業国家への変身を迫られ、近代工業化の荒波にもまれることになりました。

近代工業化のキーワードは、26頁に述べたように「スピード（S）重視」「生産性（S）奨励」「管理化（K）強化」「画一化（K）推進」にまとめることができます。つまり、早いことがいいことで、始めたらやり通すことに価値がおかれ、製品の管理や流通の管理をしっかりすることを重視し、そしてオンラインで大量生産をするために製品の規格化や画一化を図ってきました。

ものづくりにとっては、「S／S／K／K」は有要でした。人づくりに効率的であることを求めれば、人のこころは育ちません。しかしながら、私たちの国は、人づくりにも効率を求めてしまい、この「S／S／K／K」を人づくりのキーワードにしてしまいました。

◆それがいいことと信じて

自分の子に、あるいは生徒に、口癖のように「早くしなさい」といってはいませんか。早いことがそんなにいいことなのでしょうか。早くしなければ世の中から振り落とされるという恐怖が、その言葉を吐かせているのではないですか。「頑張ってやりなさい」といってはいませんか。頑張ってたくさんやることがいいことだと思い込んでいませんか。

忘れ物が多い子に「しっかりしなさい」といってはいませんか。親に対して、忘れ物をしないように親が注意すべきなどといってはいませんか。そして、クラス全員が「みんなと同じに」なるように配慮することが、教育だと思い込んではいませんか。

人はそれぞれ違います。そんな当たり前のことを、学校教育では忘れがちなのです。一人一人の違いを認めながら子どもに接することが基本なのに、クラスや学校という枠組みに子どもたちを押し込めて型にはまった子どもを育てようとしているのです。「いえ、私は、違う」というのでしたら、あなたのお子さんや保健室にたむろする子どもに対して、「難しい算数・数学の問題に時間をかけて解いたから、残り時間がなくなったのね。すごいじゃない、チャレンジしたんだもの」とこころからいえますか。

◆効率的であることの弊害

こんなとき、「だから25点しかとれなかったんじゃない」と低い点数をとったことをなじっていませんか。「ほかの問題はやさしかったのだから、そちらを先にやってから難しい問題にチャレンジすればよかったのに」といってはいませんか。効率的であろうとすることが、こうしたセリフを吐かせるのだということに気づいてほしいと思います。

難しい問題を解くことに全精力を使った子は、自信に満ち、どっしりと構えているはずです。その子に、「なによ、こんな点を取ってきて」「自己満足じゃない」ということばを浴びせたら、子どものこころが曲がっていくのは必定でしょう。おとなの価値観で〝決めつけ〟てしまう、教育や育児が横行しています。子どもをはめ込む強固な枠組みは、子どものこころからエネルギーを奪い、こころに傷をつけていることに気づきましょう。

こころが病んでいくしくみ

――こころの調和がくずれはじめるとき――

◆調和するこころ

「こころの三角錐」については121頁に触れていますが、こころは、「知」「情」「意」という面のほかに「自分らしさ」という面があり、この4つの面がつくる立体、それがこころの三角錐と、私はこころを目に見える形にして伝えてきました。調和しているこころとは、この三角錐がまっすぐに立っていること、それはつまり、体積がある程度確保されていること、知・情・意の大きさが同じであること、そして自分らしさが大きく広がっていることだと私が考えてきたからです。

自分のこころを、調和がくずれていると気づくことはだいじなことですが、なかなかそれに気づくということはありません。ましてや、わが国のいまのように、知的機能が働けば、何ごともきちんとやり遂げることができると信じられている世の中では、知的機能を優先させてつくったこころに歪みがあるとは、本人はもとより周りも気づきません。

◆自分らしさが育っていないと

子どもを育児書などをマニュアルと心得て子育てをしようとする「マニュアル育児」、いつでもほかの子と比べながら子育てをする「比較育児」、ほかの子よりもちょっとでも早く育つことを求める「飛ばし育児」が、いま、流行です。マニュアル育児からは、型にはめられた子が育ちますし、型にはまらない子は親から疎まれます。

比較育児も、自分の子がほかの子よりも発達がいいというのであれば自慢げに喜び、発達が悪いとなればがんばれがんばれ、早くしなさいと追い立てるでしょう。発達にはそれなりの順序があるのですが、その順序を飛び越えて先を目指す育児が大流行です。これを飛ばし育児と名付けていますが、足下が固まらないうちに背伸びをするのですから、ときには足下が崩れてしまいがちです。自分らしさは、マニュアル育児でも比較育児でも、そして飛ばし育児でも育たないのです。育児だけでなく、学校教育も同じでしょう。

◆こころが病んでいく

　セルフコントロールができなければ、他人と争えません。どこまで争えばいいのかわからないまま戦争を仕掛けるというのは無謀なことです。自分をつぶしても目的のために行動するというのは、一見格好がいいようですが「自分」を失うだけです。周りががんばれがんばれとけしかけるようでは、その子がつぶれるのは目に見えているはずです。

　人は、肉体的・精神的・社会的存在ですが、その人のこころが病んでいくということを、肉体的な面から、精神的な面から、社会的な面からみていく必要がありましょう。肉体的には、こころは脳でつくられますから脳の機能をしっかりとわきまえること、精神的には、知・情・意のいずれかに偏りがあっても、また、自分らしさが十分に広がっていなければ精神的な負担がかかるとこころは倒れてしまいます。

　なかでも、社会的には、関係のなかに生きている私たちであり子どもたちなのですから、関係が少なくなるような状況になると、こころは傷つき病んでいきます。型にはめることはストレスをかけることだといいましたが、どのような人生を選ぶかは自分自身の問題です。まだ小さいからといって親や教師が本人に代わって判断しようとすることは危険です。

教師のこころも疲れている

――こころが燃え尽きるとき――

◆学校保健は生徒だけのものではない

ここまでお伝えしてきたことは、子どものこころがどのようにできていくかということや、子どものこころの育ちがなぜ歪んできたのかということでした。子どものこころの育ちが危うくなったためにこころのつくりが歪み、さまざまな問題行動を見せるようになっていると考えないわけにはいきません。

つまり、〝曲がったこころは矯《た》めて直す〟というような育児や教育をするのは、問題行動を起こさないように子どもに枠をはめてはみ出さないで歩かせようとすることであり、これこそが子どものこころを正しく伸ばさないおおもとになっていると考えてきました。

ところでどうでしょう。団塊の世代といわれる人たちもすでに60歳、その人たちの子どもの世代が教師として子どもたちに接する時代です。学校保健法をひもとくまでもなく、学校を構成するすべての人々の学校保健ですが、近ごろは子どもより早く〝キレ〟てしまう教師もいるようです。養護教諭の役割にこういう教師にも健康相談をするように決めています。

◆燃えつきやすい教師のこころ

人間関係を軸にする職業はいくつもありますが、このような職業を選択する人に〝燃えつき〟が多いといわれています。教師もそのひとつで、看護師や医師、なかでも精神科医が燃えつきやすいようです。燃えつきタイプの人は、自分のもっているものをできるだけ人に差し出したいと思っている人たちといえそうです。

でも、それが裏目に出てしまうこともあります。ご本人にとって高い評価を得ているときには快調にことを積極的にすすめられますが、「あの人は、ああして校長先生にゴマをすっているんだ」などと陰口をされると、プッツンして燃えつきてしまうからです。子どもや保護者との関係でも同じで、熱心な教師であればあるほど、燃えつきやすいといえます。

管理的な立場からは校長や教師が対処すべきところですが、ご本人の苦衷を聞き、教師自体にセルフコントロールを取り戻してもらう、いわば治療的な働きかけは養護教諭が業務として行わなければならないところが、養護教諭として大変なところです。

ただ、養護教諭が教科担任やクラス担任といい関係を保っている場合は保健室登校の子どもも伸びやかに学校生活を送ることができ、教室に戻ることができるようになるのですが、子どものこころの育ちが危なくなっていることに気づかず、「子どもは、こういうものだ」という固定的な観念で子どもを見るようなら、養護教諭と担任との間に見方が異なるので担任も養護教諭もストレスにさらされることになるでしょう。

◆養護教諭の役割と学校カウンセラー

最近、学校カウンセラーが導入されるようになりました。導入されたカウンセラーはあくまでも子どもを対象にするわけで、教師を対象にはしていません。また、養護教諭は、学校という組織をよく知っていることに長けていますから、当然ながら、両者の役割は違ってくるはずです。

学校カウンセラーに任せ過ぎず、そして領分を荒らされるというような被害的な見方に陥ることなく、養護教諭はもとより教科担当の教諭も担任も、それぞれが業務を分かちあってほしいと思っています。

健康なこころって、何だろう

―― 自分を見つめ、自分をコントロールする ――

◆どんなストレスが、どのくらい？

ちょっとしたストレスチェックをしてみませんか（表1）。20問のうちいくつ○でしたか。○が5つぐらいならまずはOK。○が10までなら、ストレス解消を工夫しないと、ちょっと心配です。とはいえ、旅行へいくとか映画を見るとかの軽い気晴らしで大丈夫。○が10以上あるというのなら、これは要注意、15をこえるようなら内科医を訪れるか、思い切って精神科医を訪ねて下さい。

チェックをした項目をよくみると、ほとんどが身体に現れる不調が羅列されています。こころに不調を感じても認めたくない気持ちがあるからです。こころに不調を感じたときに身体の不調として感じる回路ができあがります。このため私たちは、身体の不調からこころの不調を感じとるようにしなければいけません。ストレスチェックを通じて、自分のこころの姿をしっかり見つめましょう。こうして、身体に不調があるときにはこころに不調があるのではないかと感じて、それを受け入れる気持ちになりたいものです。

表1　ストレスチェック

（○をつけてみて下さい）

1. 朝、すっきりと目が覚めない
2. 朝から頭が重くてすっきりしない
3. 一日中、頭が痛い
4. よくめまいがある
5. 動悸、息切れ、めまいがある
6. 手足が震えたりだるくなる
7. よく首筋や肩が凝る
8. 1週間以上も食欲がわかない
9. よく腹痛があり下痢をする
10. 清涼飲料をよく飲む
11. むやみやたらと食べる
12. 疲れやすい
13. 寝つきが悪い、眠りが浅い
14. お酒・たばこが増えた
15. 仕事（勉強）を始めるのが億劫だ
16. 気が散って集中できない
17. やったという達成感がない
18. 友人と話すのが億劫だ
19. 家族と話すのが億劫だ
20. 誰かに見張られているようだ

◆では、健康なこころってどんなもの

つまり、こころが健康だということは、「知」「情」「意」のバランスがとれているということや「自分らしさ」が十分にできているということばかりでなく、また周囲との調和がとれるということやセルフコントロールが利くということだけではなく、自分を見つめる力をもっているということなのです。育児や教育に求められるのは、教え込むことではなく、自分を見つめるチャンスをつくるということなのです。

自分を見つめることができるということを具体化すると、「期待される自分」「役割を負う自分」「責任を果たす自分」に気づくことだといえるでしょう。自分が期待される存在であると気づいたら、子どもたちは、大きく飛躍していきます。私たちはさまざまな役割を背負いながら生きていくのですが、自分を見つめ直さないとなかなかそれに気づきません。さまざまな役割を負いながらこの世を生きていくのだという気づきは、さらにこころを豊かにするでしょう。責任ある人生を生きることが求められているのだということに気づくようになれば、健康なこころをもっているといえると思います。

その上で、さらに「高い自己価値をもつ」ことが健康なこころを支えます。「セルフエスティーム」という言葉がありますが、これは自尊の気持ちともいえるでしょう。自己価値を縮小しがちな子どもが多くなっています。その反面、自己価値を過

大に評価してしまう子もいます。もちろん、教師とて同じです。自己を過大に評価してしまう教師が増えているように思うのですが、こころがうまくそだっていない証拠といえるでしょう。

生徒を励ます、勇気づける〝こんな一言〟

──最後まで生徒の話をきくには──

◆話をきく、その〝きくは〟

こころが弱い子どもに接するときには、まずは子どものこころを〝きいて〟みませんか。こころを〝きく〟には、言葉のやりとりだけではうまくいきません。というのも、子どもたちは、いま、こころを言葉で表すことがとても下手になっているからです。ボディランゲージという言葉がありますが、身体で表現する言葉といっていいもので、身振り手振りを交えて話をしている私たちは、ボディランゲージを使って自分が〝話し言葉〟（スピーチ言語）で伝えようとすることを補助しています。

したがって、子どものこころを〝きく〟にも、スピーチ言語で〝きく〟だけでなく、ボディランゲージを通して〝きく〟ことができるようにならないといけないといえましょう。

〝きく〟には、相手に質問をして答えを求めるきき方（尋く、訊く）、自由に話をしてもらいながら選択的にきくきき方（聞く）があります。このきき方は、きき手の方の耳は、話の入り口の門でもあり、出口の門でもあるということです。〝きく〟

にはもう一つのきく（聴く）があり、これはこころにとめてきくきき方といっていいでしょう。この〝きく〟には、ボディランゲージをもきき取る力がなければいけないといえるかもしれません。

◆生徒を励まし勇気づける言葉

養護教諭も含めて、一般的にいって学校教師は、落ち込んでいる子どもをみると励ましたくなるようです。もちろん、励ますことが悪いというわけではないのですが、何事にも起・承・転・結があり、落ち込んでいる子にも始まりがあり（起）、それが続いていていまの自分がある（承）わけで、何かをきっかけにして大きく発展することも考えられ（転）、大団円を迎えること（結）があると考えられます。

ということは、励ましてあげようとすることも重要ですが、そっとしておくということも重要な働きかけなのです。話を〝きく〟のではなく、話をしてくれるまで待つことも重要でしょう。子どもは、いま、相互に比較されながら学校生活を送っています。仲良くしなければいけないという建前と相手を追い落とさなければいけない自分に苦しんでいます。

励ましの言葉だけでいいはずはありません。真の励ましの言葉は、私は、「そう、そんなことがあったの」「大変だったね」「なるほど、そんなふうに考えたのか」「それも一つかもね」「自分だけで考えないで、こうして話しにきてくれてどうもありがとう」「君のことわかろうとしていることは理解してね」「いつでももってわけにはいかないかもしれないけど、あなたの話、必ず〝きく〟から」という言葉を素直に発することができれば、それこそ子どもにとって、どれほど励ましになるでしょう。

◆おわりに

東京大学教授だった小林登さんが、「子どもは、未来である」とおっしゃいましたが、子どもについて述べられた数々の言葉のなかで、これほどすばらしい言葉はないように思います。私自身も、この言葉に出合ったとき、ふるえがとまりませんでした。養護教諭はもとより教師は、そして親自身が自分は子どもの未来に関わっているのだという自覚をもって、さらに発展されることを望みます。

第2章

こころのS・O・Sは思春期に

思春期のこころの健康

いま、なぜ、思春期か

——思春期問題の背景——

◆はじめに——学校保健とメンタルヘルス

身体健康のみならず精神健康、すなわち、こころの健康も大切なもの、という認識が、広まりつつあります。そして、精神健康をより高めていくための「こころの健康づくり」を行う時代となりました。学校保健の関係者の間にも、この認識は急速に広がり始めています。子どもの心身の健全な発達を願う学校教育の中だからこそメンタルヘルスの重要性が理解され易いのでしょう。

◆「思春期」がなぜ問題なのか

では学校で行うこころの健康づくりとは、いったい何なのでしょうか。何を、どう進めたらこころの健康づくりになるのでしょうか。〝いじめ〟をなくせば、いいのでしょうか。〝登校拒否〟の子どもがなくなれば、学校が行うこころの健康づくりは成功したというのでしょうか。こうした、ひとつひとつの問題を解決していくことも、学校保健が進めていかなければならないメンタルヘルス活動ではありますがこころの健康づくりを学校で展開するためにはまず、「なぜ、いま、思春期問題がこれ程大きく取り上げられなければ、ならないのか」という、根本的なところを、掘り下げておかなければならないような気がします。

思春期は、これまでは、二次性徴と共に語られる生物的視点からの取り上げられ方がされるか、思春期反抗として、問題行動から取り上げられるだけでした。

◆ヒトは「ライフサイクル」を生きる

しかしながら思春期を生きる子どもたちは、社会の中に生きる子どもたちであり、急速に成長する身体と精神はその社会の急激な変化に、翻弄されているのです。伸び盛りであるだけに脆さもひとしおといってよいでしょう。それは「ファッション」や「流行」というような社会の変化に揺り動かされるものとは、限りません。経済の変動による雇用状況の変化は、昨日までの価値観を一変させてしまう力を、持っているのです。

ヒトは、ライフサイクルを生きています。思春期もそのライフサイクルの上の一時期に過ぎません。したがって、生物的・心理的・社会的な存在であるヒトですから、思春期の子どもも生物的な視点ばかりでなく、心理・社会的に、見ていかなくてはなりませんし、ライフサイクルから思春期をみることが大切です。そして、ヒトはどのライフステージにあっても社会的影響をもろに受けています。

◆「思春期」と「思秋期」――危機の根は同じ

さて、思春期の子どもたちは、どのようにライフサイクルの一時期であるその思春期を過ごそうとしているのでしょうか。一見するとスマートにこうした障壁を、乗り越えていくように見えますがその内実は苦しく、悲しく、そして孤独なのが思春期だといえます。

ところで、思秋期というコトバをよく聞くようになりました。従来は、更年期といわれた時期を指すようですが、思春期に対する思秋期というわけで、美しいネーミングです。この思秋期も思春期同様の問題がいろいろとあります。67頁図1に示すように、思春期と思秋期を対比させてみますと、人の生物的面と社会的面とがよく対応していることがわかります。思春期の発現の低年齢化が起こり、またその終期の高年齢化が起こっていますが、思秋期も同様です。

図1　思春期と思秋期の間のU現象

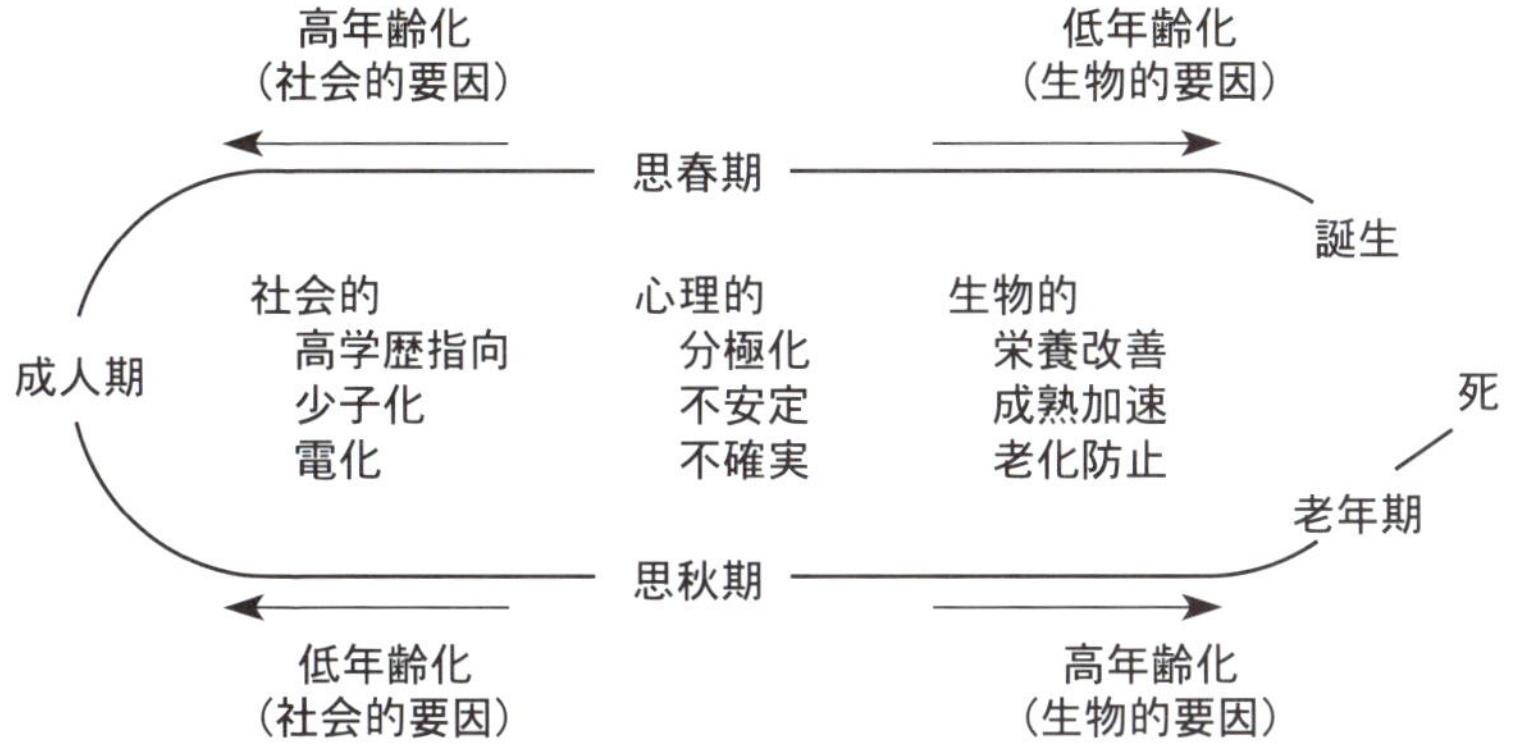

思春期を生きる子どもたち

——思春期の定義と特徴——

◆思春期は間のびを起こしつつある

さきに、思春期はいま間のびしつつあると述べましたが、その理由は2つあります。その1は、生物的要因の変化によるものです。栄養状態が好転し、体位も向上し、成熟の加速化が進みつつあります。このため、思春期の低年齢化が起こっています。その2は、社会的要因の変化によるものです。高学歴指向となり、自立は遅れています。思春期からの脱出が遅れ、思春期が高年齢化を起こしています。

◆いったい、いつを思春期というのか

さて、思春期が一方で低年齢化を起こし、

図2

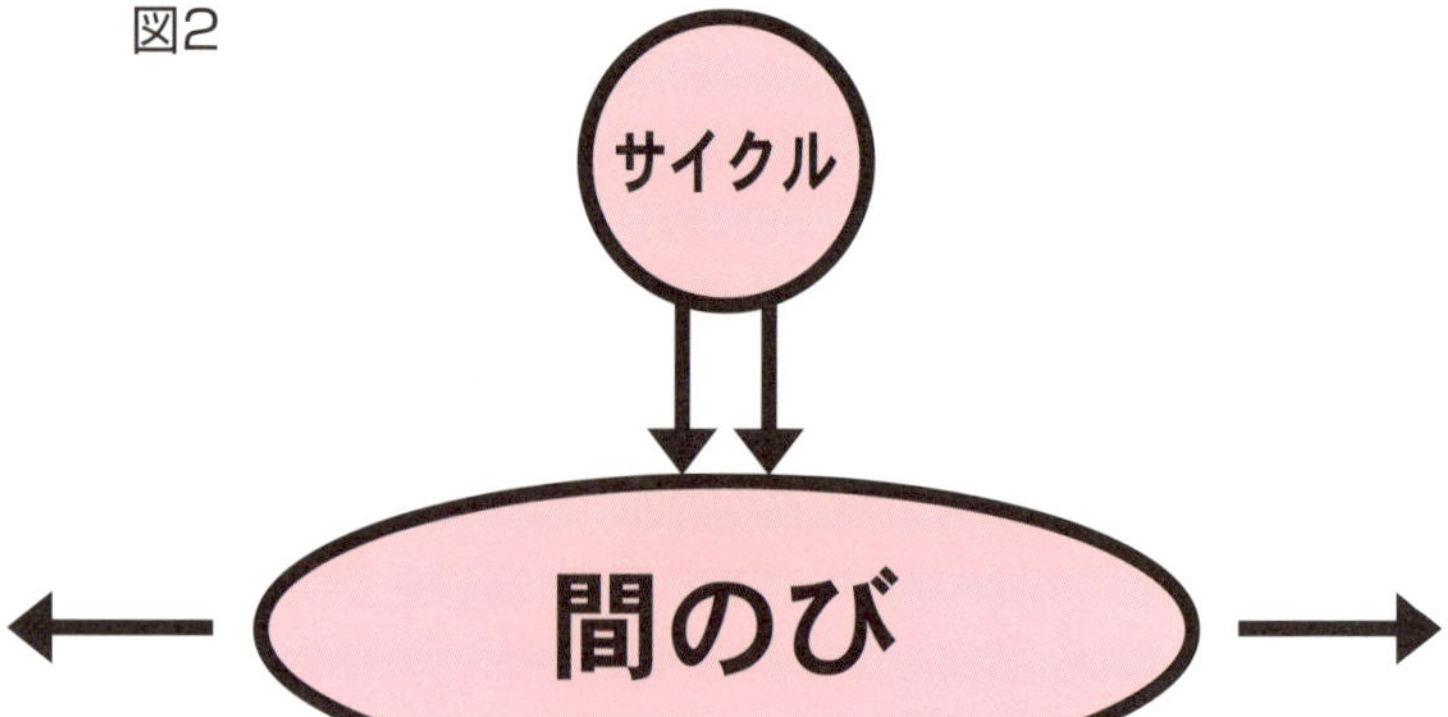

他方で高年齢化を示し、思春期それ自体は間のび状態に、陥っていることが、これでご理解いただけたかと思いますが、ではいったいいつからいつまでを思春期というのでしょうか。

実は、このことを述べるのは、容易ではありません。性別による違いや、国や地方による違いもありますし、文化的な条件によっても異なるからです。ただ、おおよそのところはつぎのように考えておくとよいと思います。

前思春期　（～9歳）：発育の足踏み
思春期前期（9～12歳）：二次性徴
　　中期（12～15歳）：初経・精通
　　後期（15～18歳）：骨格・皮下脂肪
後思春期（18～21歳）：男・女らしさ

理解しやすくするために、年齢区分を右のようにしましたが学齢でみると、思春期前期が小学校高学年、同中期が中学生、同後期が高校生ということになりましょう。

◆思春期は第二反抗期というが

ライフサイクルを生きるヒトが9歳頃から18歳頃までに通過する時期は、思春期というわけです。この時期からは昔から、第二反抗期と呼ばれてきました。それは

2歳後半から3歳後半にみられる、いわゆる3歳児反抗を第一反抗期と呼ぶ習わしになっているからです。

この第一反抗期も第二反抗期も共に子どもの自我が、急速にのびる時期であり、自我の成長がもたらす「自分らしさ」の主張が、反抗とみられるのです。螺線階段を登るように、成長していくのが、ヒトのこころですから、細かくみますとこういう繰り返しは、ヒトの成長、発達の過程で何度も起こります。

しかしながら、大切なのは、〝螺線〟ということですし、〝階段を登る〟ということでしょう。「自分らしさ」を、あれ程主張した人が、気がつくと潮が引くように皆のなかに融けこんでいたりするのもそのためです。それに、階段を登っているのですから、「待ち」も大切です。

◆自己主張のない思春期が怖い

アパシー・シンドロームというコトバを、ご存知ですか。「70年安保」を境にして、全国の大学に急速に広がった、いわゆる「大学生五月病」の背景に、アパシーがあるのを指摘したのは※笠原 嘉さんでした。アパシーとは感情の動かないさまをいいます。これは決して、意図的にするものではありませんので、精神病理学的な意味をもっているのですが、それが社会現象としてとらえなければならない程、急速に広がったことに問題があったのです。

ところで、もう1990年前後から、子どもたちは、よく〝べつに――〟というコトバを、使うようになりました。そして、これとほぼ同時期か、少し遅れて、〝かったるい〟というコトバをよく使うようになったのです。それ以前は、なにかあっても〝気にしない、気にしない〟といっていたのが、〝べつに――〟と〝かったるい〟に移り変わったのです。ここに私は子どもたちのアパシーを嗅ぎとったのでした。

※笠原 嘉（かさはら・よみし）：精神科医。名古屋大学名誉教授。1980年代に『アパシー・シンドローム（岩波書店）』や『退却神経症（講談社現代新書）』などで、几帳面なビジネスマンの無断欠勤や昇進をまえにした失踪、優秀な学生の長期留年などをこれまでの精神医学的概念ではくくれない“奇妙なこころの病い”とする斬新な視点を示した。

思春期のこころの背景

―身体発達と二次性徴―

図3　身長の発育

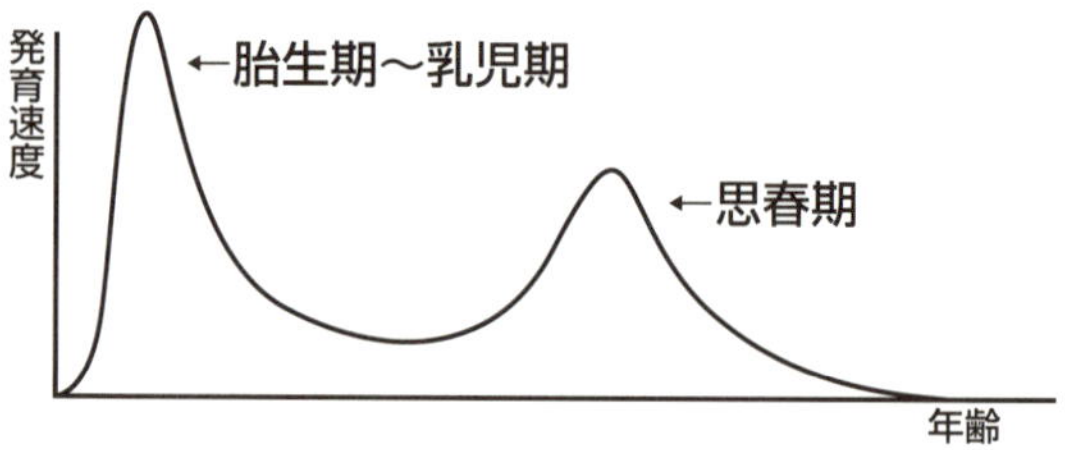

◆身体発達と思春期

身長ののびだけが、身体発達の指標というわけにはいきませんが、ヒトの発育・発達を身長の発育速度でみてみると、図3のように二峰性を示します。最初の峰は胎生期から乳児期ですが、二番目の峰は思春期にあたります。ここではまず、思春期は生まれて初めて経験する急速な身体発達の時期と理解して下さい。

◆身体発達とは「からだが変わる」こと

目的を同じにする細胞がグループをつくり、そのグループ同士が、つながり合い積み上げられて人間の身体ができているわけですが、細胞それ自体は絶えず新しくなり、古いものは棄てられていきます。もっとも、神経細胞のように、一生使い続けるものもありますが。ともあれ大部分の細胞は新陳代謝の対象になっているのですから、本当のところは、昨日の自分と今日の自分では同じ自分ではないのです。

思春期は、生まれてからのヒトの一生の中で最も発達する時期、といってもよいわけですから、昨日の自分と今日の自分が違った人間のように思えてしまう時期でもあるのです。私たちは、理屈はどうであれ、昨日の自分と今日の自分が違うとは考えていません。これを、自己同一性というのですが、この自己同一性が保たれているからこそ自分は自分であるし、自分が自分でしかないといいきれるのです。

◆身体発達と脳——こころのおおもとは

身体発達が、外見的な発育だけを指すものでないことはもちろんです。思春期には、あらゆる内臓器官も発達をとげますし、その発展ぶりも急速です。そして急速な発達を示すだけに、その展開がまちまちになりやすく、その進み具合がいつでも一線に並ぶというわけにはいきません。骨がのびても筋肉がそれに伴わなかったり、体つきが大きくなっても心肺機能がこれに追いつかなかったりです。

では脳はどうなのでしょうか。脳は、支持組織を除けば神経細胞からできています。その神経細胞は一生とり変わらずにいるのですが、発達は他の身体発達とは違い、胎生児から乳幼児期にかけて急速に発達し、このあと徐々に鈍化します。思春期だからといって、改めて急速に発達するというのでもなく、ただそれはいわば量的な変化であり、質的な変化は、思春期を過ぎてものびつづけます。

◆「からだが変わる」・「こころが変わる」

さて、「からだが変わる」ことがあまりに急速な思春期では、先に述べた自己同一性の最も根っこにある自己身体の同一性が保たれにくくなるため自分自身が過去から現在にかけて、同じ自分であるという自信に揺らぎがみえてくるのです。思春期のこころの背景には、こうした急速な身体発達を「自分のもの」として受けとめられない心理をみることができますが、実は、思春期心性の特徴は、そういう自分に気づかずにいるところにあるのです。

思春期にみられる身体の変化のうちでも、二次性徴と呼ばれる身体変化は子どもたちのこころを大きく変えていきます。自分が男であるか、女であるかということは、性器の違いによって確認できることであるように、思われるでしょうが、二次性徴に直面する思春期入りした子どもたちをみていますと、そのことは、そう単純ではないことがわかります。自己同一性が揺らぐからです。

女？
男？

思春期のこころを理解する

――ひとり立ちへの厳しい旅――

◆自己同一性の揺らぎ――実存の不安

二次性徴とよばれる身体変化がはじまると、「これまでの自分」と「いまの自分」とに乖離《かいり》が生じたような気になり、不安になります。「自分が自分であり続ける」ということは、あたりまえのことのようですが、それは昨日の自分と今日の自分が同じだという確信があるからで、その確信が揺らぎはじめれば、明日の自分の予測がつかなくなり、不安に陥ることになりましょう。これを実存の不安といいます。

◆不安解消のために何をしはじめるか

二次性徴が起こりはじめたために身体変化が起こったのであり、そのために「自分が自分である」ことに自信が持てなくなり、不安の真っ只中にいるのですから、その不安解消を図らなければなりません。

実は、その不安解消を自ら図ったのが「思春期やせ症（拒食症）」でもあるのです。思春期やせ症の心理背景に成熟拒否があるとみている人は多くいます。成熟した人に好ましいモデルがいない場合、「あんな女になりたくない」「母のようにはなりたくない」というこころが働き、好ましくないモデルに近づかないよう成熟を止めてしまうのです。自分が変わっていくということを認め、自己変革を思春期のひとつの課題だと考えることができれば、不安などは起こりようもないのでしょうが、そうなるまでにも時間はかかります。それが思春期であり、不安と葛藤を経験してきてこそ、自己同一性が確認できるのです。その思春期が引き伸ばされ不安定なこころをかかえたまま、葛藤に耐えなければいけないのが、いまの子どもたちです。

◆ひとり立ちへの厳しい旅

不安に苛まれ、葛藤に翻弄されながらも自己をみつめ、自己を確立し、自己同一性の揺らぎを解消していく歩みこそ、〝ひとり立ちへの厳しい旅〟といいうるものでしょう。自立とは、こういう厳しい体験の上に、はじめて達成されるものなのです。

とはいえ、20頁表1に示しましたように、昭和30年代後半の一次登校拒否時代から、昭和40年代前半の家庭内暴力時代、昭和40年代後半からの校内暴力時代、そして昭和50年代前半の暴走・シンナー時代、昭和50年代後半の二次登校拒否時代、昭和60年代前半のいじめ・自殺時代を通してみても思春期にさしかかった子どもたちが体験する不安や葛藤の大きさが推察されるし、また、その解消の方法が、決して私たちおとなが希求するような〝望ましい〟ものでないことも明らかです。では、なぜそうなのでしょうか。

ひとり立ちの旅は、自己を発見するための厳しい旅ですが、未来があっての旅なのです。

◆思春期問題の多発の背景には

未来に何かがありそうと思えばこそ厳しい旅を続けられるのです。天竺へ向かった僧たちが砂漠を超えられたのも、長安に向かう若者たちが玄界灘を乗り切れたのも、未来をみていたからです。そして、私たち「思春期経過者」も、その時代その時代にふさわしい未来をみることができ、一人ひとりの目標も漠然とではあっても持つことができたから、自己を発見する旅をくぐり抜けてきたのではなかったのでしょうか。

さきに上げました各年代をみてもわかりますように、「もはや戦後でない」時代を過ぎ、「高度成長経済」下を生き、「オイルショック」を浴び、「低成長経済」の中で呻吟し、「円高ドル安」の不況にあえぎ、さらに「バブル経済」の中でも「平成不況」の谷間に落ち込みながら、子育てをしてきました。すなわち、私たちは、時代の動きの中で苦しみながらも問題含みの子育てをしてきたのです。子どもたちの思春期は、実はこうした時代の波をもろに受け、その歪みが顕在化するのです。

時代

侵されやすい思春期のこころ

──こころの健康・こころの病い──

◆はじめて出会う人──母

お腹の中にいる赤ちゃんが一番最初に出会う人は母親ですし、出産後の一年間を限ってみても、母親との接触が子どもにとっては最も多いはずです。どの母親と出会うかということはすでに決められているのですから、その母親とどう出会うかがヒトの一生を左右するといえるでしょう。それからみれば、その後の人間関係などは、その母親との出会いを肉づけたり、修正したりするに過ぎません。

◆こころの育ちと思春期

エリクソン（Erikson, E.H.）は、ヒトは、乳児期に基本的信頼関係を成立させるが、その相手は主に母親であり、この母親との間にこの信頼関係が十分に成立しない時は対人関係の基本に不信感が働くようになるといっています。エリクソンはさらに、乳児期には自律性が育つがこれと同時に恥や疑惑の感覚も育つといい、また遊戯期（児童期）は自発性が育つがその反面、罪の感覚も育つといっています。またさらに、学童期には勤勉性が身につく反面、劣等感もおぼえるようになるといっているので

表1　エリクソンの発達モデル

区分	心理・社会的危機	重要な対人関係の範囲
Ⅰ　乳児期	基本的信頼感覚　対　不信感覚	母親（または母親的人物）
Ⅱ　幼児期	自律性の感覚　対　恥や疑惑の感覚	両親（または両親的人物）
Ⅲ　遊戯期	自発性の感覚　対　罪の感覚	基本的家族
Ⅳ　学童期	勤勉性の感覚　対　劣等感	近隣・学校・仲間集団・外集団
Ⅴ　青年期	同一性の感覚　対　その拡散の感覚	リーダーシップのモデルになる人々
Ⅵ　成人初期	親密性の感覚　対　孤独の感覚	友愛・性愛・競争・協同などでの相手
Ⅶ　成人期	生産性の感覚　対　停滞の感覚	労働と家事
Ⅷ　円熟期	自己完成の感覚　対　絶望や嫌悪の感覚	人類全体、自分の種族

す。

思春期に至るまでのこうしたこころの育ちは、人との出会いを通してはぐくまれていくわけですが、それは適切な時期（Timing・T）に、望ましい人（Person・P）に適当な場（Occasion・O）で出会えたかどうかに、かかっています。母親にはじまり、父親、兄弟姉妹、近隣、友人、教師、先輩、後輩、などなどです。

◆こころの発達とその歪み

よい母と出会えなかった子に生まれてしまう不信の感覚は、その子に内在し、思春期にそれが一気に芽をふいてしまうこともあるでしょう。よい父と出会えなかった子には辱められた経験が内在してしまいます。そしてそれが思春期に爆発し、過大な自己主張となって現れるかもしれません。自発性が育つ時期にその芽を摘まれてしまっていれば、やる気の失せた子になるでしょうし、思春期の内的な衝動に耐え切れず、自我を蝕むことすらしかねません。終始他人の目を気にして、自分が他人に操られているような気になってしまうのも、自我の崩れと無関係ではないのです。

せっかくやる気を出し、勤勉に学業に向かおうとしても、その勤勉さが認められなければ劣等感が残るばかりでしょう。その子の能力や発達の程度に応じて、勤勉の感覚が身につくよう指導してこそ、教育というものです。

82

◆侵されやすい思春期のこころ

やや古典的ではありますが、思春期心性を理解しやすくするために、こころを構造的に示した、フロイト（Freud,S）の自我に触れておきたいと思います。その考えに従えば、自我は、快楽原則（pleasure principle）にのっとって働くエス（イド）から生まれましたが、その母体であるエスと外界ならびに超自我との間に立って、現実原則（reality principle）にのっとり調和的に働く、あたかもコントロールタワーのようなものです。超自我とは自我から生まれた自我への監督機関ですが、道徳的な面をもち、自我に対して常に批判的な目を向けています。

このような構造的なこころは、乳児期、幼児期、児童期、学童期をへて作られます。その過程で適切なこころの育ちが行われないと、侵されやすいこころになってしまいます。その侵され方は、こころの育ち方によってまちまちですが、自我の根幹を揺るがすほどともなりますとこころの病いにもなりかねません。

図4　フロイトの心的装置図

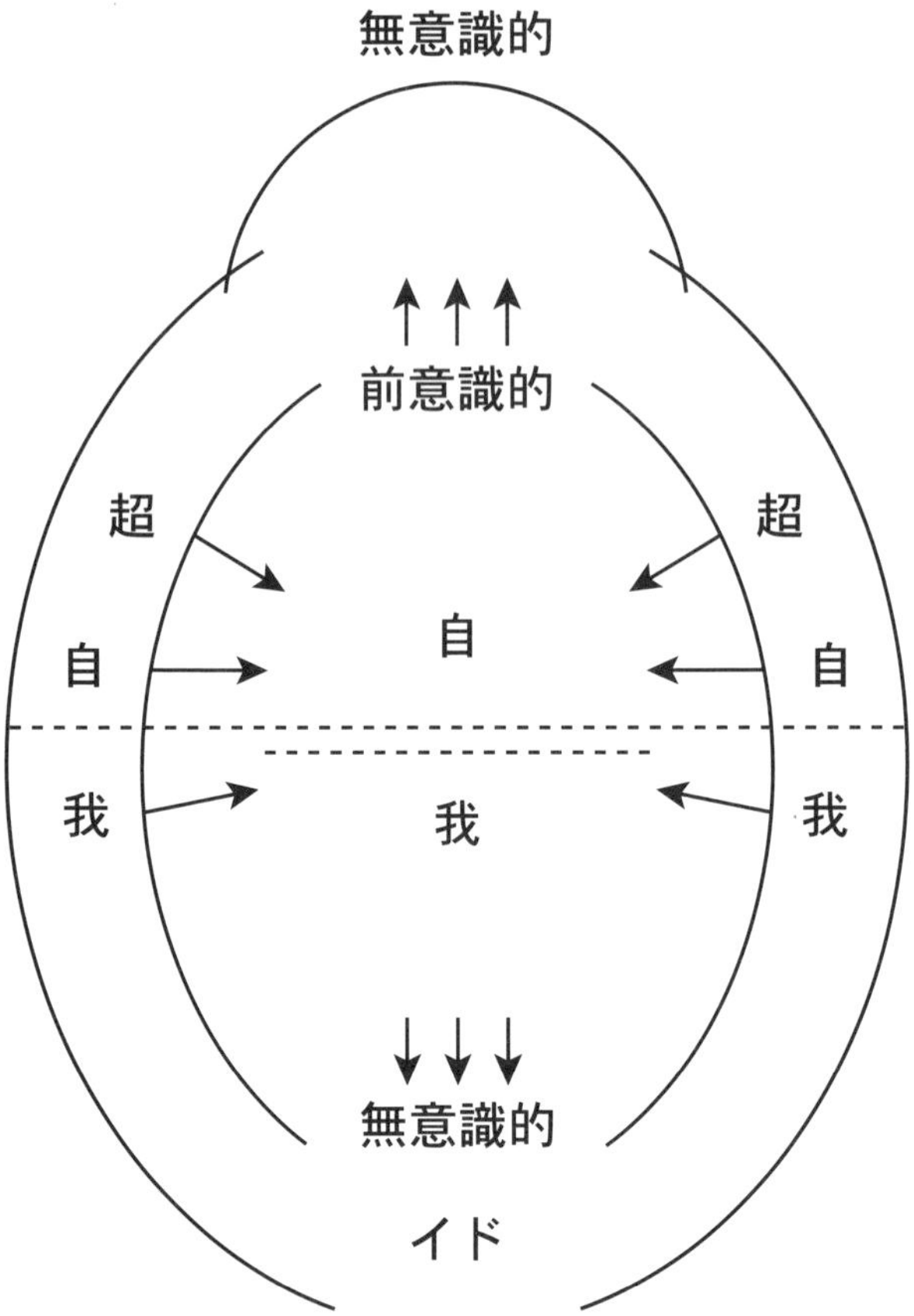

フロイトの心的装置図（イメージ吉川改図）

思春期に現れやすいこころの病い

――これを症状からみると――

◆ごく普通の精神発達を示した子でも

私たちは自分の体力以上の荷物を背負うと、その場でへたり込むか、しばらく行ってからつぶれてしまいます。私たちのこころとて同じです。体力というコトバに対して心力というコトバがあるわけでもありませんが、こころも、自分で背負える以上のこころの重荷を背負わされれば、その場でつぶれないまでも結局はへたり込むことになるでしょう。普通の精神発達を示しても荷が重いとつぶれます。

◆自我発達の弱い子の場合は

発達の過程で、エリクソンがいう発達課題をうまくクリアしていないと、自我の発達に遅れがみられたり、自我に脆さが残ったりするのです。自我発達に問題のある子は、その成育の過程で親子関係に問題がある場合が多いのですが、さりとてそれを親の責任にするばかりが能ではありません。

こうした自我発達の弱い子は、並の子が重荷とは感じない精神的負荷でもへたり込むことがあるのですから、周りは気をつけてあげないといけないわけです。〝がんばれ〟、〝くじけるな〟と叱咤激励してもだめなので、自我の発達をうながすような接し方が必要です。

こういう子どもたちが示しやすい症状は、ひとつには「心身症」ですし、もうひとつは「ノイローゼ（神経症）」です。そのどちらも、未熟・未発達の自我や脆い自我をせい一杯護ろうとする防衛機制と考えてもいいものですから、つきあい方に工夫がいります。

◆心身症と呼ばれるものは

保健室に「お客さん」が増え出してから、もう30年以上がたちました。保健室といえば外で遊んだ子の切り傷を治療するぐらいで、あとは定期検診と特定の病気を負った子の健康管理をするのが仕事でした。それが、様がわりしたのです。その頃私は「養護教諭は赤チン先生でいいのか」と声を大にしていったものです。

登校するやいなや「頭が痛い」といって保健室にかけ込む子、授業中に「お腹が痛い」といって友人に付き添われてくる子が増え出したのです。こういう子たちは、授業時間が終わったり、下校時になるとケロリとしていました。そのうち、登校前に家でひと騒動するようになり、親は医師を求めて右往左往するようになったのです。

こうしたいわば心身症のはしりともいうべき状態はとうに超え、今では、「立派に」

胃潰瘍になったり、高血圧症や糖尿病になる子どもの心身症がみられます。このほか、チックや抜毛症など、その心因がより複雑なものもでているのです。

◆ノイローゼ（神経症）の子どもたち

背負い切れぬ荷物をこころに負ってつぶれるのは心因反応と呼びますが、ひとつひとつは背負い切れぬ程度のこころの重荷でなくても、そのこころの重荷をずっと持続して持ち続けるとなると、こころは疲れ、乱れ、傷つき、病むようになるのです。これがノイローゼの本体です。

ノイローゼはその現れに従って、わが国の精神医学的な従来診断では「不安神経症」、「強迫神経症」、「心気神経症」、「恐怖症」、「ヒステリー」、「抑うつ神経症」、「離人神経症」、「神経すい弱」などに分けますが、それらのこころの奥底には、ひとつには自我の発達の遅れや自我の発達に歪みがあったり、発達した自我に脆さが残ってしまったりしているのです。それが、背負い切れぬ程の重さでもないこころの重荷を背負ってしまい、そのこころの重荷をうまく捌くことができないまま、こころの病いに陥ってしまうといえます。私たちはその荷の捌き方を教えたり、彼らの重荷を一緒に背負いたいものです。

表2　従来診断で用いられてきた精神障害の分類

Ⅰ．器質性および症状性精神障害（外因性）

1．器質性精神障害

脳血管障害

炎症性疾患

脳腫瘍

変性疾患（アルツハイマー病、ピック病、パーキンソン病、ハンチントン病など）

頭部外傷

2．症状精神病

内分泌疾患や代謝疾患などの身体疾患に伴って生じる精神障害

3．てんかん

4．アルコール関連精神障害、薬物依存

Ⅱ．内因性精神障害

1．統合失調症

2．感情障害（躁うつ病）

3．妄想性障害

Ⅲ．心因性障害

1．神経症

2．心因反応

Ⅳ．パーソナリティ障害

Ⅴ．精神遅滞（知的障害）・発達障害

早期発見のポイントは

——教室で、保健室で——

◆早期発見が必要なのだが

毎日毎日顔を合わせている子どもたちでいながら、その子のことを私たちはどこまで知っているといえるでしょうか。いえ、その子のことを、どこまで解っているでしょうか。

私たちは、大勢の子をみなければならないので、ひとりひとりの子どものことを知ろうとしても、とうていできるものではないし、ましてや、ひとりひとりのことを解るなんて、とうていできないと思ってはいませんか。

◆解ってもらいたいと思っているのに

「ひとりひとりの子どものこころを解ってあげたいのはやまやまだけど、40人以上が犇《ひし》めいている学級では、それは不可能です」というクラス担任の声が聞こえてきます。また、500人、あるいは1000人という学校に配置されている養護教諭からは、「たった一人でいったい何ができるというのですか」という叱声が聞こえてきます。

でも、子どもたちからみれば、自分のことを解ってくれる人は、この先生しかいないと信じているのです。少なくとも先生方に初めて相談するまでは、そこが問題ですし、そのことを理解するかしないかが、教師の質を決定づけるといってもいい過ぎではないでしょう。教師からみれば40人のうちの1人に過ぎない子ではあっても、生徒からみれば、自分にとってはかけがえのない担任教師なのですから。養護教諭の場合は、もっと事情が厳しいのですが。

◆問題や異常の早期発見のポイントは

解ってもらいたいという気持ちと、解ってあげたいという気持ちとがあれば、すなわち信頼関係があれば、あとは両者の出会いを待つばかり。出会いやすい状況づくりを工夫する必要があります。そして出会うチャンスを掴んだら、子どもたちの話を聞くことに徹するのがコツです。

発見のポイントは、1．信頼関係の醸成、2．出会いの状況づくり、3．話を聞く姿勢、にあると纏めることができます。早期発見のポイントというからには、何か、アッと驚くような技術や話術があるのかと、期待を大きくされた方には失望を与えたかもしれませんが、そのような特別のテクニックがあるはずもないのです。

しかし、この3ポイントが学校現場でどのように大切にされているかを考えますと、いささかの危惧が、いえ、単刀直入にいえば、大いに心配があるのですが、どうでしょうか。

◆「なぜそうなのか」を考えていく

生徒をみていますと、〃この頃急に…〃という面と、〃もともとこうだから…〃という面の二つをみていることがわかります。それは学習の点でも、人づきあいや性格に関する点でも同様です。

例えば、〃この頃急に落ち着かなくなった〃〃この頃急に忘れものがふえた〃などがこれですし、〃もともと無口だから〃〃もともとやる気のない子だから〃というのもこれです。では現場では、子どもの理解を深めるのにこの二面をどう利用すべきなのでしょうか。

もちろん、そのポイントは〃この頃急に〃にありますし、〃もともとこうだから〃を手掛りにしていくことにあります。〃この頃急に〃というのは、「なぜ」を考えやすいのですが、〃もともとこうだから〃というのは「なぜ」とは考えにくい事柄です。でも、本当に重要なのは〃もともとこうだから〃という思い込みをやめて「なぜそうなのか」と考えていくことです。

どうしたのかしら…
？？？
信頼関係

思春期の子どもたちのとらえ方

——危機としての思春期——

◆「思春期危機」をめぐって

人生には、精神生活を送る上で危機的な状況に陥りやすい時期があるようです。思春期も危機的状況に陥りやすい時期のひとつであり、精神医学では思春期危機（Adolescence Crisis）と呼びならわしています。精神医学は、①同世代間の連帯感の喪失、②成熟への戸惑い、嫌悪、拒否、③自己内省化の失敗、④分離・独立の失敗、をきっかけにして思春期危機に陥りやすいことをみてきました。

◆思春期心性の特徴

ヒトのこころを知・情・意や自分らしさからみることに慣れてほしいということは繰り返し述べても述べ足りないぐらいですが、思春期心性を考える上でもこのことは重要な意味をもちます。とくに思春期心性の特徴は、〝情意の揺れ〟にあるといってもいい過ぎではないからです。

思春期心性の情意の面にはつぎのような特徴がみられます。①漠然とした不安、②まとまりのない衝動性、③過敏さといら立ち、④感情の両価性と葛藤、⑤感情の両極性と行動のぶれの大きさ、⑥潔癖さと純粋性、⑦我慢のなさ・性急さ、⑧情意転換の悪さ、などです。

こうした情意の面での特徴のほか、知的にも、①主知的で主我的、②非妥協的、③非経験主義的、④過激で徹底的、⑤虚無的、⑥非合理的・非論理的、⑦排他的で自己中心的、⑧防衛的でもあります。

これでおわかりのように、思春期の子どものこころは統制がとれていません。

◆思春期危機への引きがねは何か

数多くの特徴をもつ思春期心性ではありますが、これそのものは思春期を経過する子どもたちが示しやすい特徴的心性というに過ぎません。でもあるときそのひとつに〝こだわり〟が生じますと、思春期心性に歪みが生じます。これが思春期危機の到来を告げるサインです。

思春期を経過しつつある子にとっては、既成社会はいやらしいほど妥協的なのでしょう。自己主張をとりさげつつ妥協的に生きている成人をみると潔癖さが強いために成人への嫌悪感が増すのです。自己の中に生まれつつある性衝動を無意識に抑圧し、不安を増大させてしまう子もいるでしょう。こうした子は心身症を形成しやすいタイプもありますし、反面、この衝動の抑圧が強ければ無気力な子ともなりますし、抑圧に失敗すると衝動が外へ向かってしまい、問題行動化することもあります。

危機の引きがねは、どこにでもあるのです。

◆何を考えているのか解らないといわず

とりあえず思春期心性の特徴を上げ、思春期危機は、この思春期心性をより尖鋭化させてしまうものが既成社会にあるために起こるものであり、また、思春期心性を顕在化させてしまう性衝動が自分自身の内側に大きくなったために、起こるものといえそうだと述べました。

飲酒の常習化、家庭内暴力、いじめ、恐喝、万引きなどのいわゆる非行や、不純異性交遊はおろか売春までをふくむ性非行など、いえ、それどころか「十七歳問題」としてとり上げられた殺人を含む犯罪などの反社会的行為はもちろんのこと、登校拒否や家出、緘黙や自閉、孤立や自殺などのいわば非社会的行為に至るもろもろの問題行動ばかりでなく、頭痛や腹痛を訴える子、チック症状の子、胃潰瘍、高血圧、糖尿病や心臓病などの生活習慣病まがいの病状を示す子に至るまで、子どもたちが示す問題行動や症状は多様で多彩です。

こういう子を前にして、私たちは「何を考えているのか解らない子どもたちだ」

といわず、まず懐に入ることから始めなければなりません。
ではどのようにして懐に入っていけばいいのでしょうか。

思春期の子の懐に入っていくために

――教師や親のこころ配りのまえに――

◆情報公害の中を生き抜く力をつける

最近のように情報が氾濫する時代になりますと、情報の質がバラバラで、それを利用したいと思う人の方に情報の選択力がないと、情報が利用できないという奇妙なことになりつつあります。育児情報はもちろんのこと、しつけ、家庭教育、学校教育、思春期問題などなど、どの分野をとっても同じことがいえます。情報公害ともいえる状況ですが、私たちは、情報選択に強くなりたいものです。

◆子どもの長所を見抜く力をつける

まず、人間は発達的に生きているということをみる力もつけましょう。そのためには、ひとりの子の成長を追い、自分の眼でじっくりと確かめていくしかありません。その子が、その子なりに、着実に変化をとげていくさまを感動をもってみることから始めたいものです。

でも私たちは、ついつい、この子と他の子とを比較してしまいがちです。現代的な育児書や教育書は、まず「平均像」や「期待像」を明らかにし、それに対してその子の発達がどれ位の隔りがあるかをみることが大切だと教えます。だから、私たちは、ついつい、子ども同士を比較の眼でみてしまうのです。

ヒトを発達的にみるという眼を養うためには、ひとりの子の発達の過程を感動的に体験することです。子どもたちの長所を見抜く力をつけていくということは、他の子と比較しながらできることではありません。

長所を見抜いたら、子どもを褒めて下さい。

〝きく〟力を身につける

新生児や乳児を育てている母親は、子と対しているときに饒舌です。子どもにかけているコトバはたわいもないものではありますが、いつでも何か声かけをしているのです。そして、声かけをしながら、子どものほんのわずかな反応を読みとろうと、〝きく〟のです。これは、まさに〝こころで聴く〟態度といえましょう。

2歳をすぎていたずらが始まり、3歳をすぎて勝手に外へ出るようになると、子どもへの声かけは、たわいもないひとり言のようなものから叱責や禁止を含む指示語が多くなります。〝なぜするのか〟〝どうしてやったのか〟という訊問口調で〝きく〟のです。

4、5歳位になって、子どもたちは外で出会ったいろいろな事柄を母親に告げようとすると、母親はまるでこころここにあらずと聞き流して〝きく〟のです。忙しいからという口ぐせも、その頃の母親にみられがちな態度といえましょう。

◆聴く・訊く（尋く）・聞くがあるが

〝きく〟ことが大切だとはよくいわれますし、相手の身になってきくことが大切だということもいわれますが、私たちは、いつでもそのようなきき方をしているでしょうか。

こころにしみるようなきき方をするには、耳を開いて「聞く」ばかりでなく、徳をもってこころから「聴く」必要がありそうです。なぜ、どうして、というように問いかけてきいたり、詰問調にきいたりする「訊（尋）く」態度では、子どものこころの奥深くに入り込むことはできないでしょう。

思春期を健全に、うまくのり超えさせるために親や教師に求められるこころ配りといえば、子どもたちのこころを聴くことにつきると思います。それは決して子どもたちのコトバをきくというのでなく、何気なくやってみせる子どもの身振りから、子どものこころの叫びを聴きとる力を、親や教師が身につけていかなければならないということです。

思春期の子どもに共通した悩み

——親や教師、なかでも養護教諭の役割は——

◆ヒトは生物・心理・社会的存在

これも度々触れましたが、ヒトに関わる問題を考えやすくしてくれるのが、「ヒトは生物・心理・社会的（bio-psycho-social）な存在」という見方です。思春期の子どもに共通する悩みは何かと考えるときも、この三側面から考えると考えやすくなります。

まず生物的（身体的）には性の問題が第一で、ほかは体型・顔立ち、体臭などです。心理的には愛情問題が第一ですが深刻さでは同一性問題です。社会的には人間関係問題です。

◆性に悩む子どもたちにどう迫るか

私たちの周りには性情報を満載した雑誌類が氾濫しています。そこで伝えられる性情報は、性を「遊び」からしかとらえていない、極めて片寄ったものといえます。ほぼ二次性徴の発現を境にして突入する思春期ですが、それだけに思春期と性とは切り離すことができません。性を正しく伝える必要性がある理由はまさにここにあります。

思春期の子どもたちは、あからさまに性を語ることはしませんが、性にまつわる悩みは深いのです。一見氾濫しているかに見えるこれらの性情報が、これだけ片寄っていることを知れば、彼等がいかに正しい性情報に飢えているかがわかるというものです。

性の悩みの多くのものは、正しい性情報が欠落していることから起こっているといっても過言ではありません。親や教師なかでも養護教諭は、まず、この事態を直視し、正しい性情報を提供できるよう体制づくりをしたいものです。

◆心理的な性・愛情問題と同一性の揺らぎ

生物的な性について悩む思春期の子どもたちに対して、正しい性情報を伝えることが大事であると述べましたが、性には心理的な性、すなわち愛情の問題も忘れることができません。思春期の子どもたちは、淡い恋心から深い悩みまで、この愛情にまつわる数多くの体験をへていきます。

ただ、この愛情問題は、人間として成長していくためには、どうしても体験していかなければならないものであり、過ぎてしまえば「ほろ苦さ」が残る思い出となるものなので、養護教諭は苦しみや悩みのよい聴き役になればよいのではないでしょうか。

自己同一性の揺らぎは、人格のより深いところでの動きですし、人間存在をおびやかす危険すらあるものですから、慎重に対応したいものです。相談をかけてくる内容は、表面的には馬鹿馬鹿しいものなので、つい「そんな馬鹿な」と感じがちですが、それはまちがいでしょう。

◆人間関係に悩む思春期の子ら

「自分が急に変わったみたい」、「もう元の自分に戻れないのか」、「自分が自分ではないみたいだ」という自己同一性の揺らぎに対しては、ただひたすら、「そう、それはつらいわね」と応じることが、不安や悩みの解消の近道だといえますが、人間関係の悩みにはそうばかりいってもいられません。

人間関係の基本は信頼であろうと思いますし、ヒトが社会を構成できているのも、暗黙の了解として信頼の共有を認めあえているからでしょう。そのヒトへの信頼が揺らぎ、人間関係に不信が入り込むとそれがきしみます。

自分を信じてもらえないくやしさや、他人が信じられなくなった悩みは、それが子どもたちの口から語られる間はまだよいのです。「いつまでもそんなことといって、駄目じゃないの」というようなセリフを吐くよりも、苦しくとも信じつづけることが結局は人間関係をよくしていく道だと説くことが大切です。

さあ、元気を出して…
ありがとう

思春期を乗り越えられない子ども

——いつ、どのように手助けするか——

◆思春期は、何歳までをいうのか

すでに述べたように、極めて現代的には思春期は、その発現年齢を年々低下させてきているし、その終了年限は年々上昇しています。これを私はひと口に、思春期の低年齢化と高年齢化（67頁の図1を参照）と呼んでいるのですが、特にこの思春期の高年齢化は高学歴化に伴って起こっている、一種の社会現象だとみています。実はこの社会現象が、思春期遷延症候群（吉川）や思春期非離脱症候群（同）を生むのです。

◆乗り越えるべき体験の希薄化

わが国でもつい先頃まで、小学校六年を終われば実社会に出ていくのが当然でした。ごく限られた人が高等小学校へ通えたのです。それが第二次世界大戦終了後6・3制がしかれ、新制中学校が誕生し、これが義務教育となりました。それでも15歳で、大部分の人が社会に出ていったのです。

ところが今や、高等学校への進学率は90％をゆうに超えほとんど１００％です。

すでに高校は準義務教育化したのです。そして大学への進学率は50％を越すようになりました。短大や専門学校などをいれると60％はおろか、高卒者の70％近くが進学するのです。

実社会に出て多くの人間関係の中でもまれ自己抑制を覚えるとともに自己実現の喜びも体験し、自己同一性を確立していったかつての思春期は消え、ひたすらレールの上を走るだけの思春期があるだけです。多様な乗り越え体験は姿を消し、入試だけが残りました。

◆安易な道を選択させてしまう大人たち

乗り越え体験の中でも、自分の親を乗り越える体験というのは自我をひと回りもふた回りも大きくします。時には親は子の前に立ちふさがり、子の挑戦を真正面から受けたものでした。水汲み、穴掘り、枝おろし、掃除、洗濯、腕相撲や相撲など、どれをとっても土くさく、生活に直結していましたので経験がものをいいました。そのため、親は子の挑戦を受けてもたじろがなかったのです。

ところが今はどうでしょう。親が苦労してきたことは子どもにさせまいとします。もちろん、それはそれでひとつの親心ではあるでしょうが、そのために子どもはいつでも安易な道を歩くことになってしまいます。それでも時には、子どもは親に挑戦を挑みます。するとどうでしょうか、親はいとも簡単にその城を明け渡してしまうではありませんか。

いま私は、「親」を語ってきましたが、これを「大人」と置き換えてみたらどうでしょう。

◆思春期遷延の人、思春期非離脱の人

水汲みが終わらなければ勉強することも許されなかった時代から、まだ50〜60年位しか経っていないのですが、世の中はすっかり変わってしまったようです。ただ、人のこころというものは、どうしても2世代60年を過ぎないと、本当に変わっていかないようです。

お蔭で、今は思春期がひたすら間のびしてしまって、思春期に達成しなくてはならない発達課題を終えきれない人たちがふえました（思春期遷延症候群）。また、思春期から抜け出ようと苦心惨憺してはいるのですが、結局は抜け出られないでいる思春期非離脱症候群の人も出てきているのです。

すでにおわかりのように、思春期を乗り越えられなくしている問題の解決なしに、思春期非離脱症候群や思春期遷延症候群の子どもをどうすることもできません。自我の促成栽培はできないからです。でも、体験の強化を図りながら安易な道からの離別を計画的にすすめたいものです。

思春期

健康的で安定した青年期を迎える

――学校保健が果たすべき役割は――

◆開かれた保健室づくり

どの学校にもある保健室について考えてみます。保健室を駆け込み寺にしない、という議論は大きくなったり小さくなったりしてきました。保健室が駆け込み寺であっていいはずがないのですから、論ずるまでもなく、保健室を駆け込み寺にしない方がいいのです。

でも、肝腎なのは、保健室を駆け込み寺にするしかない子どもたちがいるということの認識でしょうし、保健室に子どもを駆け込ませてしまう周囲の状況があるという認識です。その意味では保健室は子どもたちに、そして家庭や地域の方々に開かれた保健室でなければなりません。

◆まず保健室がすべきこと

思春期危機（Adolescence crisis）に陥るというのであれば、それは保健の対象というより医療の対象ですから、それ以前の思春期不安や思春期に共通するいら立ちや悩みに、保健室はどう応ずるべきか、考えてみたいと思います。その前提は、開かれた保健室づくりとなることは、先に述べた通りです。

まず、個別的な面接、相談への道を開きます。アポイント制もよいでしょう。決められた時刻まではその不安と自分が対決することになります。グループワークも重要です。他人の経験や力を利用したり、グループ全体の動きによって自覚が図られやすくなるからです。性の問題のところでも触れましたが、正しい情報提供の場になることも保健室の役目だと思います。

それにもまして、やはり生徒が安らげる場であってほしいと思うのです。心の水を飲むことのできる場にしたいと思うのですが。

◆学校保健は青年づくりに寄与できるか

学校保健法に定められた学校保健だけを頭に置く限りでは、この設問には否と答えるしかありません。しかし、学校教育法や教育基本法に遡れば、教育は人づくりであることが明らかです。したがって、学校教育は、心身共に健全な青年づくりを目ざしていることもまた確かです。

ただ、その目的達成のためには教科教育と協力しあいながら心身の正常な発育、発達をうながす、学校保健の役割が大きいといえましょう。したがって、校務分掌の分担にも積極的に参加し、あらゆる場面で生徒の情報が正しく伝わるよう工夫しないといけません。

学校保健も身体的健康だけをとり上げるような現在の身体検査方式を改善し、むしろ、パラ・エデュケーション（para-education）の場として、教育実績が高まるような側面的援助を、教師と生徒の双方に行うことが、具体化されなければならないといえます。

◆おわりに――悪者さがしはやめたい

「しょせんは親の問題だよ」、「あんな母親じゃ、子どもがああなるのもわかるよな」、「いったい、今の先生は何考えてるんでしょうね」、「生徒を纏めきれないなんて、先生だなんてよくいえるわね」などなど、どの学校へ行っても、どのＰＴＡでも語られている言葉の断片をとり上げてみました。そしてこのセリフは、「問題は教育委員会にある」、「文科省が……」というものに変わっていくのです。

こういい合っている間にも、子どもたちは引き裂かれた思春期の谷間で呻吟しているのです。人のこころを〝きく〟ことを学んできた養護教諭なら、看護の基本が、まずヒトの苦悩を軽くすることに努力し、ヒトの心を癒すことにあることは知っているはずです。臨床とは、まず苦悩するものへの手助けに始まります。悪者さがしに加担することなく、苦悩する、私たちの眼前にいる思春期の子どもの心を癒すことから、まず始めてみませんか。

第3章

こころのS・O・Sを発信する教師たち

教師のメンタルヘルス

メンタルヘルス事始め

――生物的・肉体的、精神的・心理的、社会的・文化的存在――

この章は悩み苦しんでいる教師たちへのメッセージであるとともに、教師に対する見方を変えていただくことを願って書いています。

◆人をどう見るか

人は人から生まれ、人に助けられ人とともに生き、人とともに老いていきます。つまり人との関係をずっと続けていく存在なのです。つまり、人は社会を形成しているといえましょう。その社会は、社会なりに発展もするが衰退もします。また社会は人がつくり上げた文化を継承します。ということは、人は社会的存在であるとともに文化的存在であるということでもあるのです。文化は地域によっても時代や歴史によっても大きく変わります。人が文化的存在であるというならそれは地域的存在でもあり歴史的存在でもあるはずです。狩猟時代に求められる人物像と農耕時代に求められる人物像とが大きく違うように、アルプスの山麓に求められる人物像と南洋の島々に求められる人物像とは違いがあるはずです。

気をつけなければならないのは、教師という職業を選択してしまうとどうしても

「あるべき人の姿―人物像」を求めがちになることでしょう。「あるべき人の姿」に近づくことを生徒に教えなければならないと思い込みがちな教師という職業は、ストレスの多い職業でもあります。それは、「あるべき人の姿」を生徒に求めてしまうばかりでなく、自分自身にも求めてしまうからでしょう。「あるべき人の姿」と「いまある自分の姿」とのギャップが大きければ大きいほどストレスが強いといえます。しかしながら「いまある自分の姿」を自分で受け入れられるようになれば、ストレスは緩むはずなのです。人をどう見るかということは、他人をどう見るかではなく自分をどう見るかであることを肝に銘じたいと思います。

◆人をいくつかの軸から見る

では「あるべき人の姿」から離れて、「いまある自分の姿」が見られるようになるためにどのような努力をしたらいいのでしょう。このことを考えやすくするために3本の軸をたて、図1（118頁）に示すように3次元の空間をつくってみることをおすすめします。

第1の軸は「年齢の軸」です。私たちは人から生まれ、人として生き、人として死ぬという、肉体的・精神的・社会的存在ですから、そこには成長もありますが退行もあるのです。第2の軸は「生活の軸」です。人は家庭、学校、職場、地域社会

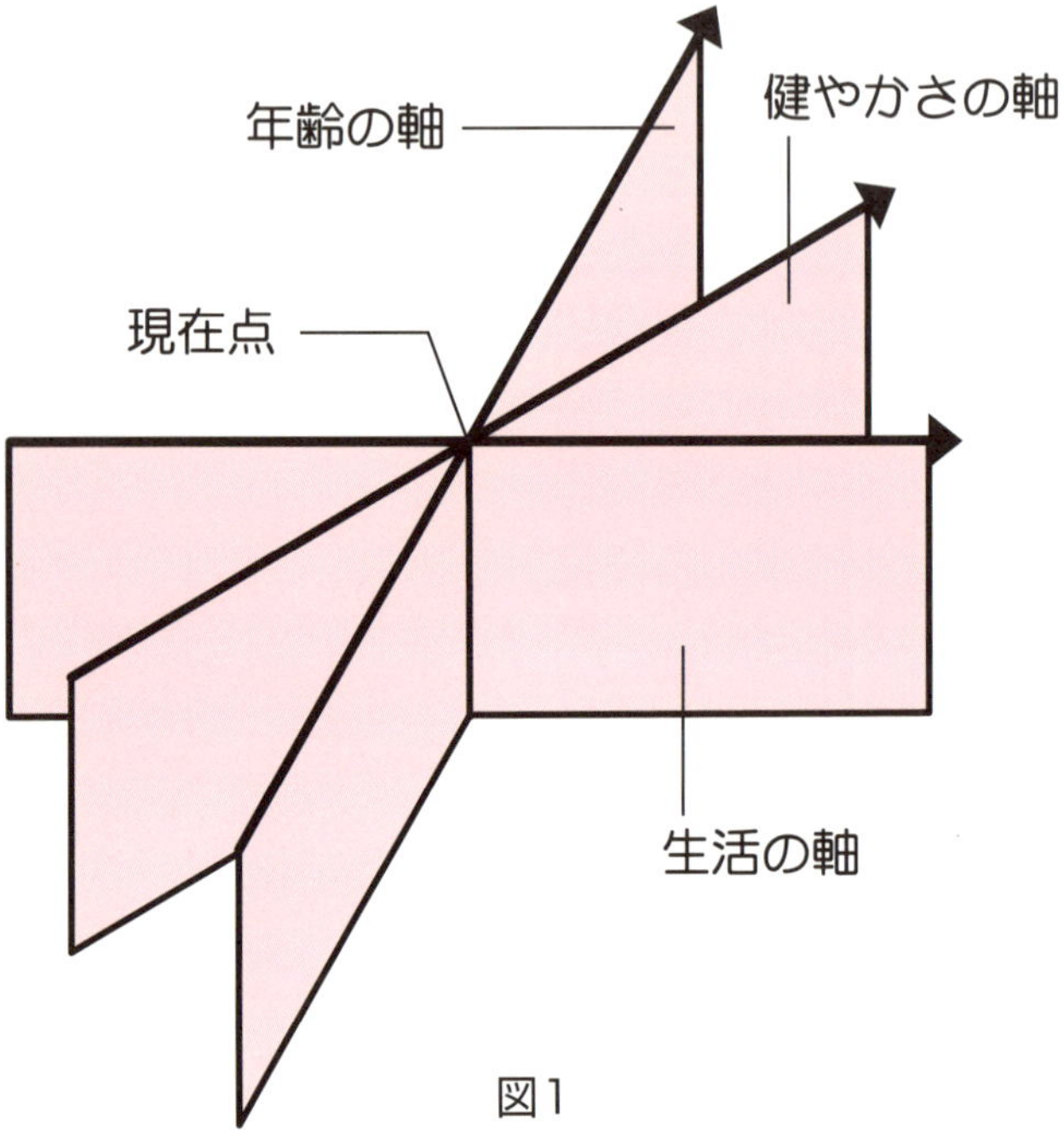

図1

に生きる肉体的・精神的・社会的存在でもあります。生活場面は刻々変わり、どの生活場面でも自分を同じように演じるわけではありません。また、年齢の軸を考慮すれば若いときに許されたことでも、中年になれば許されないこともあることがわかります。社会的責任の大きさは年齢軸を上れば大きくなりますがさらに年齢軸を上ると責任は軽くなることもあるでしょう。第3の軸は「健やかさの軸」です。健やかさは年齢とも生活とも深い関係があります。〝年齢相応の健やかさ〟という考え方や、〝生活している地域に相応した健やかさ〟があるのです。

◆メンタルヘルスとストレス

メンタルヘルスとは健やかなこころを意味しますが、そこでいう健やかなこころとは疾病に陥っていないこころという意味ではありません。すなわち、疾病に対比されるような意味での健康を意味するわけではなく、疾病を背負いながらも健やかに生きることを目指す新しい健康観に基づいたこころの健康観といえます。繰り返しますが、こころ健やかに生きることを目指すのがメンタルヘルスなのです。

どの年齢にも当てはまるような身体の健やかさというものがないように、どの年齢にも当てはまるこころの健やかさというものはありません。言い換えれば、こころの健やかさも身体の健やかさも年齢の軸に沿って変動するのです。そしてそれは、生活の軸の上でも変動します。メンタルな面でヘルシーに生きることができるようになるためには、いったい何が必要なのでしょうか。教師としてどのようなことに注意すべきなのか、ここでは考えたいと思います。

目でみるこころの試み

——こころをどのように理解するか——

通常のレントゲン写真では見えなかった脳も、ＣＴやＭＲＩで人の脳がどのような形をしているのか、そしてどのように働いているのかを目で見ることができるようになりました。

たしかに「脳」の働きを目で見られるようになったともいえるのですが、だからといって私たちに「こころ」の働きが見えるようになったわけではありません。

すでにところどころでご説明してきましたが、私はこころを考えやすくするために、こころを目で見ることができるように形で表すことを試みてきました。

◆こころの三角錐

そのひとつが『こころの三角錐』です。

私たちは、こころが「知」「情」「意」の3要素でできていることはよく知っています。しかしながらこころにはもう一つ「自分らしさ（自我）」があり、これを加えた4つの要素でこころはできていると私は考えています。この4つの要素を立体にした四面体—つまり三角錐にしてみて、この4つの要素を4面に配置したのが図2

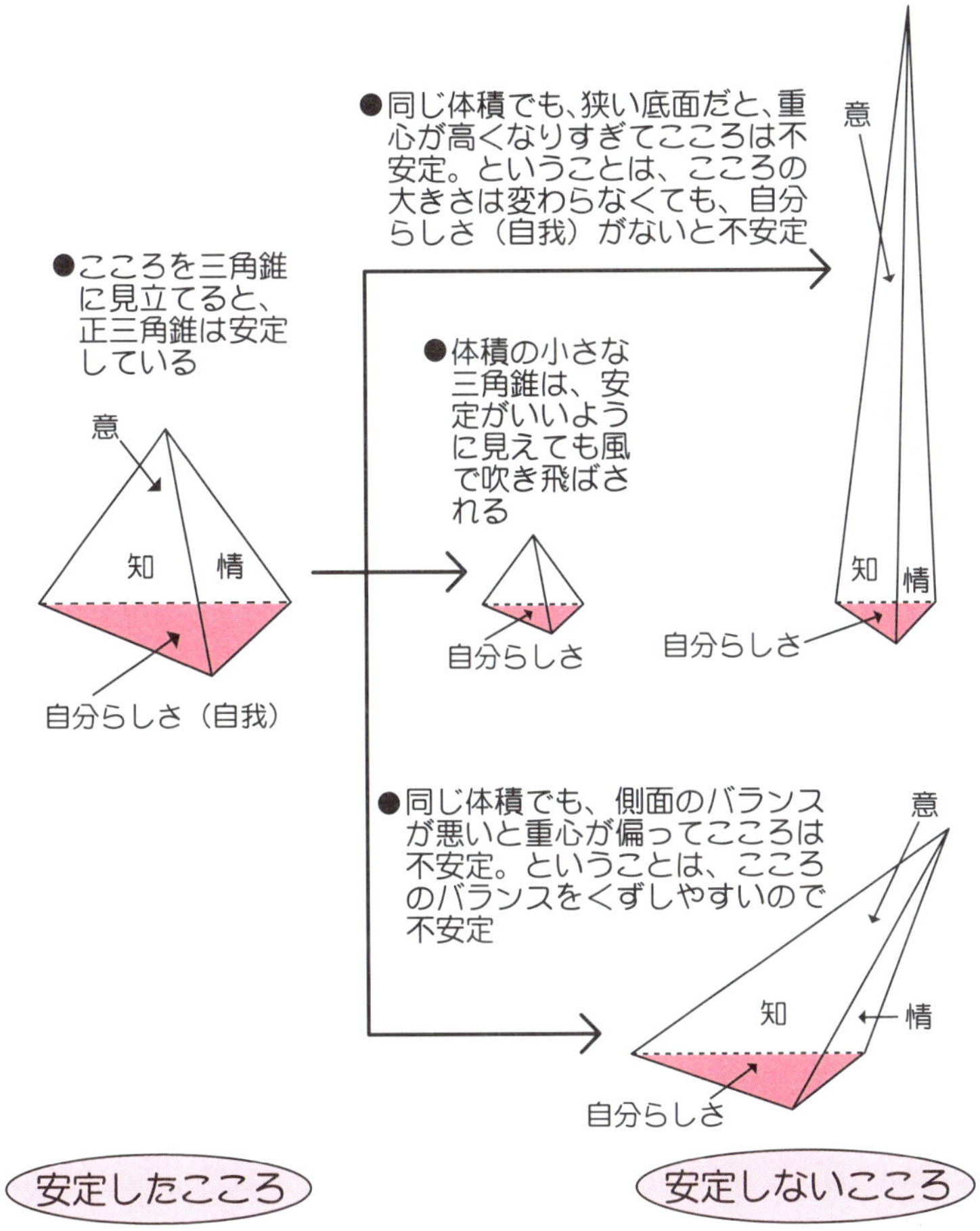
●同じ体積でも、狭い底面だと、重心が高くなりすぎてこころは不安定。ということは、こころの大きさは変わらなくても、自分らしさ（自我）がないと不安定
意
知
情
自分らしさ
●こころを三角錐に見立てると、正三角錐は安定している
意
知
情
自分らしさ（自我）
●体積の小さな三角錐は、安定がいいように見えても風で吹き飛ばされる
自分らしさ
●同じ体積でも、側面のバランスが悪いと重心が偏ってこころは不安定。ということは、こころのバランスをくずしやすいので不安定
意
知
情
自分らしさ
安定したこころ
安定しないこころ

図2　こころの三角錐

で、それを〝こころの三角錐〟と呼んできました。

安定したこころとは、このこころの三角錐が安定して立っているということであり、不安定なこころとはこの三角錐が不安定に立っているということでもあるというわけです。こころの〝かさ（量）〟が小さかったり、「知」「情」「意」のバランスが悪かったり、「自分らしさ」が狭かったりすればこころは不安定になります。

◆こころの卵

人は誰でも外界の変化には敏感で、自分自身では解決できない事態に直面して不安を覚えます。その不安を解消するために人は、外界に対して不安解消のための欲求をぶつけたくなるでしょう。外界には欲望を募らせるさまざまな状況があり、それをこころのなかにたくさん引き入れます。こうしてこころの中に高まっていく欲求を外界に向かってぶつけていくわけですが、外界はいつでもその欲求を受け入れてくれるわけではありません。外界には「規範」があるからです。こうして外界の「規範」に気づき、規範を自分のこころに取り入れていくようになるのです。欲求の高まりがあるからこそ外界の規範を取り込めるのです。これを図示したのが〝こころの卵〟です（図3）。

「自分らしさ（自我）」とは、引き入れられた規範と高まる欲求との間の厳しい葛

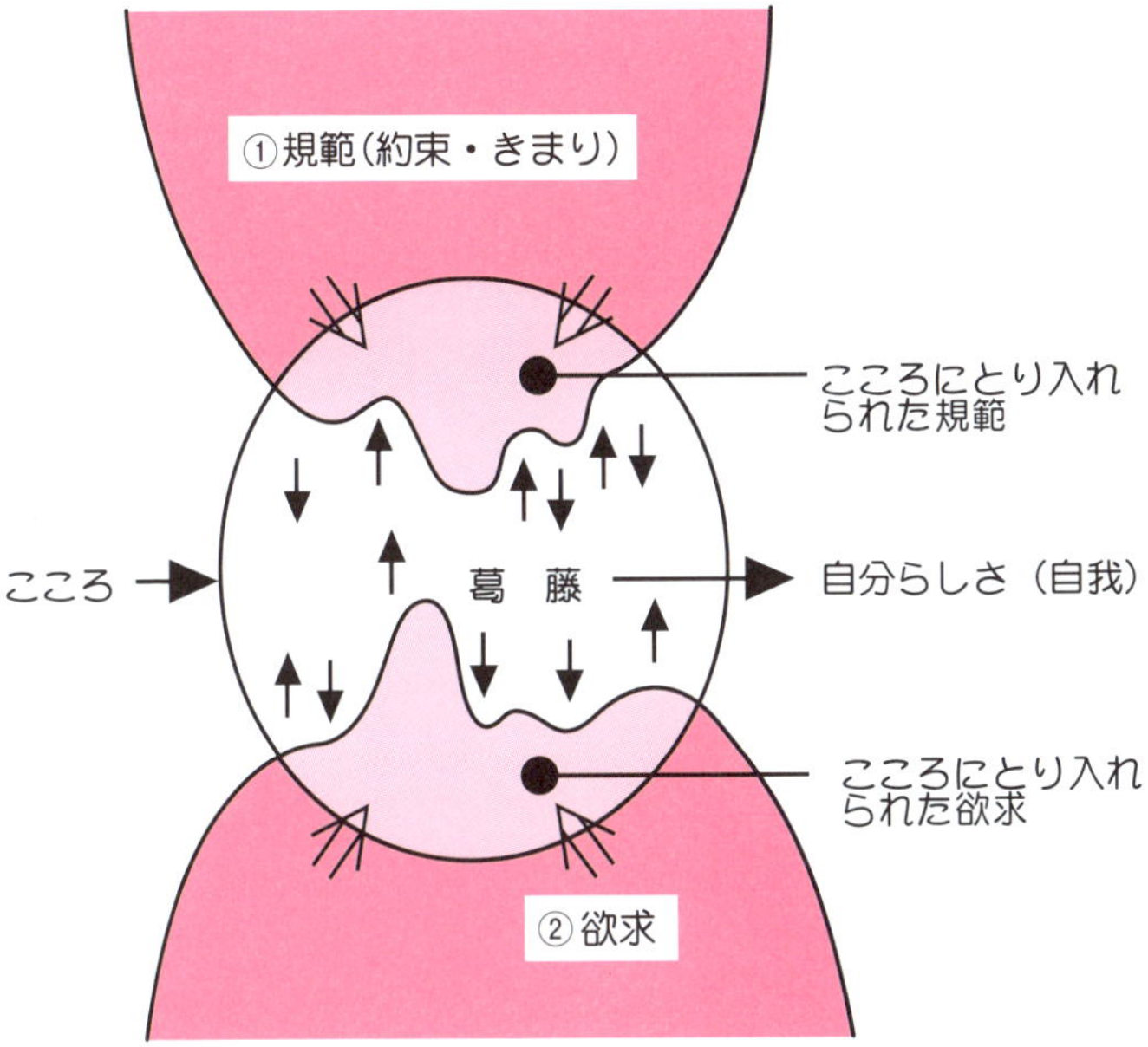

図3　こころの内部のせめぎ合いと自分らしさ（自我）の成り立ち

藤の結果間に折り合いがついて生まれたものです。欲求が大きければ引き入れる規範も大きくなるといえる反面、小さな欲求では規範を引き入れる力もないということになるでしょう。せっかく高まってきた欲求を誰かが先取りしてしまうようなことがあれば規範を引き込めないのです。欲求がたまらないということは、規範（約束・きまり）を取り込む力もないということだからです。これを「欲求先取りタイプ」といいます。

その反面、あるべき人の姿を教え込み、規範を押し込んでしまうと欲求を押しつぶし、追い出してしまいます。その結果、こころの卵のなかは規範だらけということになってしまうでしょう。これを「規範押し込みタイプ」といっています。こころに規範を詰め込んだ人は規範通りに行動できる人ではありますが、変転する事態に即応できない人でもあるのです。

◆人間関係とこころ

こころは、人と人の間で育ちます。つまり人間関係のなかでこころは育つといえますが、その人間関係には3方向ありその発展の順序からいって3段階あると私は考えています。それが41頁の図1でした。人間関係を十文字に表すことができるのです。

第1の関係とは、自分と自分よりかなり年上の人との関係です。子どもでいえば子どもと親や学校の先生との関係といえましょう。ここでは依存的関係をもつことができます。年上の人はその依存を満たす側に回ります。依存とその充足がかみ合ってお互いに満足し、信頼というこころが育つのです。これが①縦軸の上半分の人間関係で、そこで育つこころは「信頼」です。

第2の関係とは、自分よりも年下の人との関係です。年長のもの──上級生や先輩は、年少のもの──下級生や後輩をお世話しますが、お節介もします。援助を受ける年少のものは年長のものにまた助けてくれないかと期待もするでしょうが、お節介を受けるのをいやがりもします。適切なお世話をすれば尊敬されたりあこがれを向けてもらえるでしょう。年長のものが年下のものにお節介しすぎてはいけないということも学びます。これが②縦軸の下半分の人間関係です。そこで育つのは「自制心」なのです。

第3の関係とは、ほぼ同年同士──同級生や同輩の関係です。この関係は、互いに争いながら結びついていくものです。争うことによって自分をよく知るようになるからですし、また争うことによって他人をよく知るようになるからです。これが③横軸の人間関係です。そこで育つのは「自己認識・他者認識」なのです。この横軸の人間関係がしっかりできると優しさが育ち、友情も育ち、愛情を育てていきます。

人は人として自立していくのです。つまり人間関係は、①→②→③と発展していきます。そしてさらにまた①（′①）に戻り、そこから′①→′②→′③→″①→″②→″③と循環し、螺旋状に発展していくのです。

そこにはステップがありこのようなステップを順序よく踏まないと、学ぶべきときに学びそこないが起こるのでこころは歪んで育ってしまいます。でもこの循環に気づけば学び直しもきくというわけです。

なによりも自分らしさが重要

――自分のタイプをよく知る――

人は、自分自身では解決できないような事態に直面したとき、それをストレスと感じます。このストレスを解消するためには大きく分けて2つの方法があります。

その1は、このような事態に直面したときに自分はどのような態度をとるかということ――つまり自分自身をよく知ることであり、それが最も重要です。

その2は、ストレスを与える外界とどのようにつきあうかということになりましょう。

◆欲求の先取りや規範を押しつけるだけではだめ

そのどちらにとっても「自分らしさ」は大切なのですが、欲求先取り型や規範押し込み型のこころづくりからは生まれません。

ということは「自分らしさ」を形作っていく自分づくりこそが、重要なのであって、こころの健康を保つにはそれが最重要課題だということなのです。ここまで語り継いできたのでおわかりいただけると思いますが、ストレスがかかったときにへルシーなこころを保ち続けるためには、まだいくつかの工夫が必要です。

その1つが、自分の性格をよく知るということです。ここでは、ストレスを受けやすい性格を3つ挙げ、自分自身を振り返るきっかけとしてほしいと思います。

◆燃えつきタイプ

Aさんは28歳、生徒に人気が高い中学校の養護教諭でした。22歳で勤務した初任校では熱心のあまりいくつかの失敗をしたようですが、校長を始めとするスタッフに助けられて無事に乗り切ることができたといいます。

2校目のとき、登校を渋る子どもの問題に取り組むことになりました。すでに教育研究会などでは「無理に登校させるな」「保健室登校を認める」という議論が大勢を占めていたこともあって、この生徒の保健室登校が校長や教頭及び教務主任や担任の理解のもとに始まりました。

もともとAさんは熱意の人といってよく、この子にも積極的に関わり続けましたが、彼女が熱心に関われば関わるほどこの子は保健室にこだわるようになったのでした。ということは、自分のクラスに帰りたがらない子になっていったということでもあります。

Aさんはそのことに気づきとても焦ったのですが、どうしていいかわかりませんでした。そんなとき、クラス担任から「熱心なのはいいけど、あれじゃ抱え込みじゃないか」という彼女への陰口が届いたのです。そのことを聞いた彼女は、その瞬間にプツンと切れてしまいました。

燃えつきタイプの人は、もともとは熱意の人なのです。熱心で親切な人です。自分の時間を割いても人に尽くすタイプでもあります。一見するとすばらしい人なのですが、どこかで自分の評価を気にしている人でもあるといえます。そこがこのタイプのむずかしいところ。燃え尽きタイプは、教師や看護師によく見られるといいます。他人から高い評価を与えられるこれらの職業ですが、その職業を選択する人のなかに燃え尽きタイプが多いということが面白いといえば面白いところ。

人が自分をどのように評価してくれるかを気にしながらも、誉められている間はがんばれるのですが、けなされると突如として切れてしまうというわけです。それが、燃え尽きタイプなのです。ご自分はどうでしょうか。いちど自分をよく振り返ってみて下さい。

◆過剰適応タイプ

過剰適応タイプは、とくにストレスを被りやすい人たちです。いつも人のことを気にかけ、自分は陰へ廻っても人をたてようとする気配りの人だからです。

Bさんは、まさにこのような人でした。彼には次のようなエピソードがあります。

中学校社会科の教師であるBさんは、誰にも好かれる性格の持ち主という評判でした。理由は、とにかくつきあいがいいからというわけです。頼まれ事は何でもこなす力を持っているということもありますが、難しいことでも頼まれるとすぐに手がけてくれるというのが特徴でもありました。こんな彼ですから校長や教頭から信頼されるのは当然としても、同僚からも当てにされ、生徒からは尊敬される教師だったのも当然でしょう。その彼が、ある日を境にうつ病になったのです。学校はパニック状態だったといいます。

うつ状態から回復した彼から話を聞きますと、単純なことのようですが私たちも陥りがちな失敗がそこに隠されていることがわかりました。

失敗の第1は、自分の性格がよくわかっていなかったことでした。小さなときから彼は、人を大切にすることそして他人のために尽くすことが重要だと教えられてきました。両親はクリスチャンであり、その影響を受けたといってもいいようです。ただ、失敗の原因は、自分づくりが不十分なまま他人に尽くそうとしたことでした。いいえ、自分づくりをあと廻しにしても他人を大切にすることがいいことだと思い込んだことだったといえます。

自分を殺しても人を立てるということが、自分にとってどれほどストレスになっているかを知ったとき、うつ病になってしまったというのでは救われません。言い換えれば、他の人にいいように使われ、挙げ句の果ては自分が病気になったといえるからなのです。

もちろん、私は気配りが不必要だといっているのではありません。「自分らしさ」を確立しないまま他人に尽くすことばかりしていたのではいけないということであり、「自分づくり」をしながら他人との関係づくりを行う必要があるということだからです。気配りとは自分を大切にしながら他人を大切にすることであると知るべきだからなのです。

◆自信欠乏タイプ

燃え尽きタイプに見られるように燃え上がるような熱意があるわけでもないし、かといって過剰適応タイプのように相手に対する思いやりが深いというのでもない人にも、ストレスがかかりやすいタイプがあります。それが、自信欠乏タイプです。

何ごとによらず真っ正面からぶつかることをせず、何となく一歩も二歩も引いた形でおずおずと物事に接するタイプと言っていいでしょう。言い換えれば傷つきやすい人ともいえますが、傷がつく前から一歩も二歩も引いてしまう人でもあります。その心性の奥底には自信欠乏が見え隠れするのです。

Cさんは、まさにこの自信欠乏の人でした。彼は、中学のときに挫折を体験し、

高校には進学しましたが2年のときに中退してしまいました。中退の理由は、自分は何のために高校に通っているかわからなくなったからといい、とりあえず退学したのだというのです。

その後しばらくして、このままではだめだということを考えるようになって大検を受け、合格しました。大学入学も果たしました。入ったのは教育学部、そこで教師になることを目指したのでした。自信欠乏タイプは、自分に自信がないからどうしても他人の顔色をうかがってしまいます。くよくよ考え込んでもしまいます。頑張れがんばれと周りの人が声をかけても、だんだんと尻込みをしてしまうのです。先に述べた2つのタイプもそうですが、それにも増して自信欠乏タイプは周りの配慮が重要なタイプといえます。

いまこころの育ちが危ない

――近代工業化社会のなかで――

「みんなと一緒にいられない子どもが増えた」「自分のことしか考えない子が増えた」「何でもやってもらうのが当たり前という子が増えた」といいますが、そういう親や教師はどうでしょうか。

◆「親もそうだ」とばかりはいえない、なぜこうなったのか

「子どもばかりでなく、親もそうだ」という声も教師からは聞こえますが、その教師にも「どちらが生徒なのかわからない教師」がいるとも囁かれています。

生まれも育ちも違うお互いが互いに責任を分かち合うことによって生活を共有しようというのが結婚なのですが、結婚はしたもののお互いに責任を分かち合う力がないのでたちまち離婚してしまうというケースも増えているといわれています。自分がいきいきと生きられるようにすることは自分の責任でもあるのに、その責任を放棄して他人に責任転嫁するようになったともよくいわれます。確かにそういえそうです。

精神科医として長い間子どものこころを見続けてきましたが、私が見てきた子ど

もたちが30歳をゆうに越え40歳、いえ50歳に到達してきました。私はこれまで「こころの育ちが危ない」といい続けてきましたが、社会を騒がせる昨今の事件のどれをとっても、こころの病いによる事件は極めて少なく、こころの育ちに関わる事件として考えなければならないことばかりです。犯罪を含むこれらの事件を起こす人が特別の人なのではなく、自分もその状況にあったら事件となるような事柄をやってしまったかも知れないということがあとに語られるようになったことからみてもそのことがよくわかります。

こうしたこころの育ちの危うさに影響を与えたのはいったい何なのでしょうか。

◆近代工業化を推進したキーワード

先にも一寸触れましたが、私は、長いことこれを戦後のわが国の近代工業化と結びつけて考えてきました。わが国の戦後は、欧米諸国に追いつけ追い越せと夢中でした。

そこで使われた概念をキーワード化すれば、「スピード（S）重視」「生産性（S）奨励」「管理化（K）強化」「画一化（K）推進」でした。これについてはすでに述べています。

新幹線をつくり高速道路網を整備してきたわが国は、何ごとも早くやることに価値をおいてきたといえます。少ない時間にたくさんのものを生産し、少ない人数で仕事をこなすことが求められました。生産性を上げるということを至上のこととしてきたのです。

さらに私たちの国は、諸外国に比べれば実にパンクチュアルに電車や汽車を走らせています。このことから見てもわかるように、まじめさと厳格さがない交ぜになった国民性をもっているといえましょう。生産部品の管理や生産品の品質の管理あるいは生産品の流通の管理がうまいのもこの国民性によるものです。厳しい管理のもとにつくられたわが国の製品が諸外国に受け入れられることになったのもこのためでした。また、製品の均質化を図るために規格を定め、さらにオンライン生産による大量生産を行うために積極的に画一化を図り生産に励んだものです。

これを「S／S／K／K」と呼ぶことにしたこともすでに述べましたが、この「S／S／K／K」がもの生産に関わるキーワードとして用いられてきたことは確かなことでした。

◆こころの育ちを歪めたキーワード

ところで私たちは、子どもたちに対してよく「早くしなさい」という言葉かけをします。この言葉かけは職場でも使われることが多いようです。こうした声かけが子育てや教育、あるいは職場でもなされるというのは、〝早いことがいいことだ〟という近代工業化社会のキーワードに通じる考え方といってもいいもので、まさに「スピード（S）重視」の思想にかなうものといえましょう。

また私たちはよく子どもたちに「頑張りなさい」と声かけをします。ここでも頑張ることはいいことだという思想が反映しているといえますし、失敗するとしても頑張ってやることが美徳だと考えられていたからでしょう。頑張ることを幾分揶揄して〝ガンバリズム〟という言葉を私たちはつくってしまったほど、頑張りを大切にしてきたといえます。単位時間で最大量を生産するという「生産性（S）奨励」の思想は、大人になってからでも頑張りなさいというメッセージになっていますし、リストラや合理化の思想の裏打ちとして使われています。

さて、私たちはよく「しっかりしなさい」と子どもにいってしまいます。頑張りなさいという言葉と同様に、励ましのつもりでこの言葉を使うのです。忘れ物が多い子、できるはずなのに注意が散漫で何ごともやり遂げられない子などがこの言葉の対象に選ばれがちです。子どもに期待感が高いほど、しっかりしなさいという言葉をかけてしまうようです。

しっかりするというのは自己管理がよくできるということであり、これこそ「管理化（K）強化」を求めている言葉だといえましょう。それはそれでいいことなのですが、みんながみんなしっかりできるわけではないということを忘れさせてしまうところに問題を感じます。そのみんながみんな同じようにしなければならないというメッセージを直截に伝えてきたのが「みんな同じにしなさい」という言葉です。これはまさに近代工業化を推し進める際に用いられた規格化や画一化に相当する思想といえると思います。

「早く」「頑張れ」「しっかり」「同じに」という言葉から推論したのは、近代工業化を進めてきたキーワードの「S／S／K／K」の価値観でもって子どもを育ててきたといえることなのです。こうして育てられた子どもの第一世代が「団塊の世代」ですが、その人たちがいまや60歳に達しており、その子どもたちが30歳になり子どもをもちはじめていることに私たちは気づかねばなりません。

◆「幼熟」という言葉を使って

社会的責任を自覚しながら生きるという社会的成熟が遅れて幼いままに身体が一方的に成熟していく人が増えてきたと感じたとき、そのことを私は「幼熟」という言葉で表しました。あれからもう30年ほどたちました。

身体的には成熟が加速されてきたにも関わらず、社会的な役割はいつまでも与えられずに来た世代がすでに40歳から50歳に達しているのです。さすがにこの人たちをいまなお幼熟であるとはいい難いのですが、この年齢よりも下の人たちには職場における自分の役割や分担についてあまり考えられなかったり、家庭の維持に気が回らない社会的な成熟が遅れているとしかいいようのない大人たちがかなりいることも確かです。これは大人になっても思春期心性のままに生きている人ともいえますから「思春期非離脱症候群」の常態にある人ともいえましょう。

責任回避ともとれる行動をとるのが私が名づけた「途中下車症候群」ですが、この人たちはひたすら走らされてきた自分を省みようとしているともいえる人たちなので一方的に否定的にとらえる必要はありません。登校拒否・不登校あるいは「登社拒否」といわれる人たちのなかにもこの途中下車症候群がいます。この人たちは30歳になってからも〝途中下車〟します。

やや問題なのは、友達とはつき合うが浅いつきあいしかできない「わいわい症候群」の人たちです。傷つくことを嫌い、盛り上がることだけを願うつきあい方をする人ですが、この症候群のネーミングも私です。

メンタルヘルスと人間関係

——人間関係発達の順序性——

覚えておられるでしょうか。私たちが体験する人間関係を２本の軸で示し、交点より上との関係である親や教師あるいは上司との関係を「①縦軸の上との関係」と呼び、交点より下の関係である自分より小さな人、下級生や後輩との関係を「②縦軸の下との関係」と呼び、自分と同じレベルにある人との関係であるほぼ同じ年生まれの子ども、同級生や同輩との関係を「③横軸の関係」と呼ぶことにすると、人は①の縦軸の上との関係が十分に発達すると②の縦軸の下半分の関係が始まり、そこを経過すると③の横軸の関係に移ると述べました（41頁、１２６頁）。

◆人間関係の発達は順序性があるだけではなく理性もある

そこでは人間関係の発達には順序性があり、①→②→③と次第に発展をしていくのですが、さらにまた①（①′）に戻り、そこから①′→②′→③′→①″→②″→③″と循環しながら螺旋状に発展していくとも述べました（１２６頁）。またステップの順序を踏まないと学びそこないが起こるのでこころは歪みやすいのですが、学び直しも可能だといいました。つまりステップを踏まずにこころが育ってきたなら、学び直しをする必要があるとも述べたのでした。

繰り返しにもなりますが、人間関係の発達過程でどのようなこころが育つかみてみましょう。

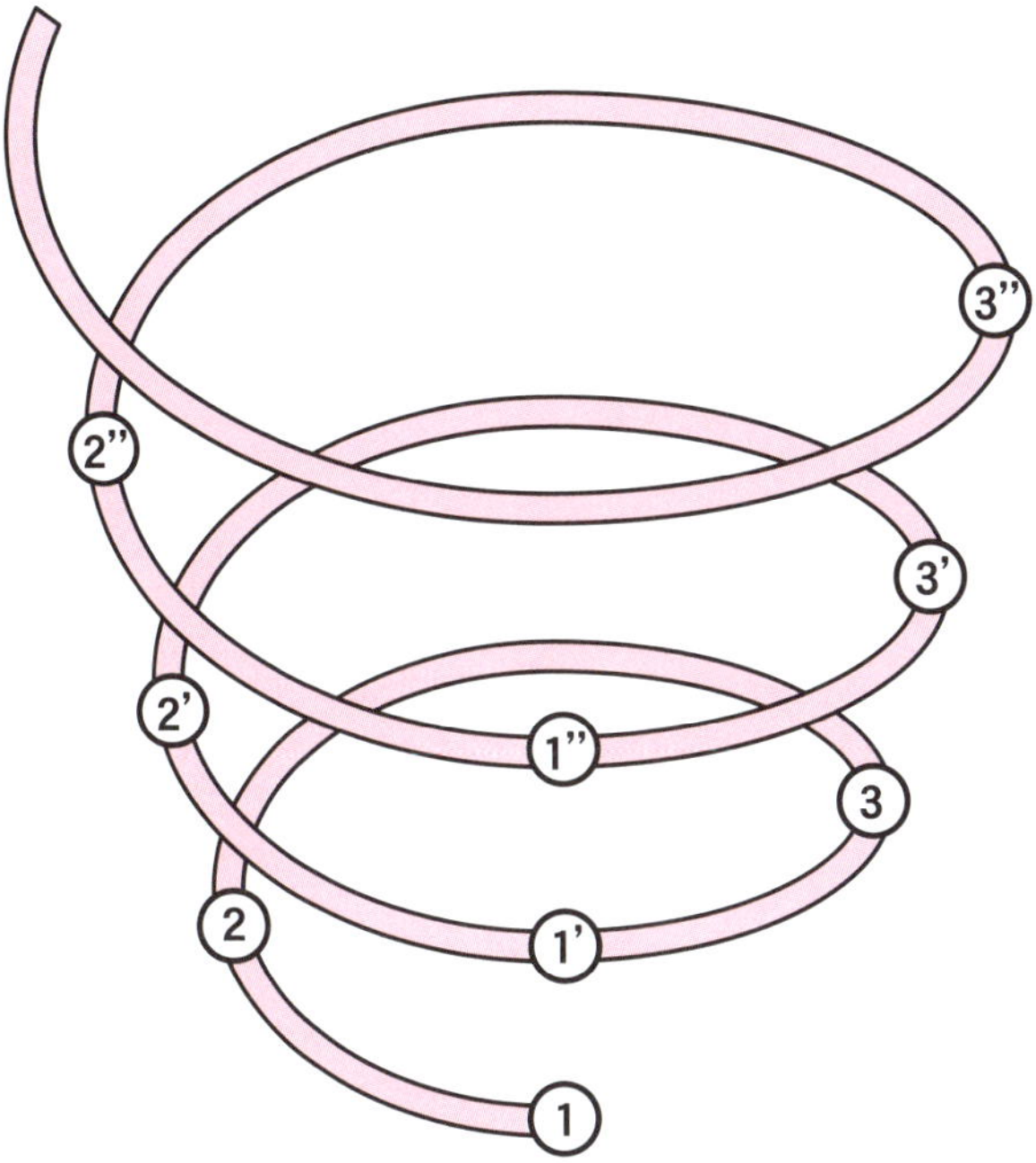

◆親子関係がなぜ重要なのか

①の関係では、「依存」の矢を親に向けます。「依存」の矢を向けられた親は、子の求めに応じてその依存を満たす行動に出ます。それを「依存」の矢に対して「充足」の矢が向けられたということができましょう。

この「依存」と「充足」の矢が等量であれば、互いに「満足」が行き渡り、『信頼』というこころが育っていくのです。人を信頼できるこころは、その後の人間関係を決定づけるものでありその意味で親子関係は極めて重要です。

もちろん、親子関係のほかにも年上の人との関係はいろいろあります。祖父母との関係や保育園の保母や幼稚園の教師との関係も①の関係です。したがって、ここでも人を信頼できるこころが育つので、親子関係で十分に人を信頼できるように育っていなかった子が②の関係に進み、③の関係をへてもまた①の関係に戻るのですから、親子関係以外の①の関係で『信頼』を学ぶチャンスはあるといえます。

夫婦の関係であれ職場の関係であれ、信頼感のないところにはいい人間関係が生まれません。メンタルヘルスの根幹は人間関係にあるといっていいわけなので、人を信頼することができなければいい人間関係ができないばかりかメンタルヘルスにもよくないことは自明です。

「依存」とその「充足」がかみ合って互いに「満足」し『信頼』が育つのですか

ら、人間関係に問題をもちやすい人は自分の親や自分と上司とのこれまでの関係を見直してみるべきではないかと思います。「依存」に十分応えて欲しかったのに叶えられなかった人にとっては、人を信頼するチャンスがなかったともいえます。だからといっていまさら親を恨むこともないのです。なぜなら、再びめぐってくる①の関係で、再学習すればいいからです。もう一度、自分の人間関係を点検してみて人を信頼しきれない自分に気づけば人間関係によるストレスをぐんと減らすことができるはずですから。

◆下の子と遊びながら何を学んだか

②の関係、つまり自分よりも年下の人との関係が成立するためには、①の関係によって『信頼』を学習していることが重要です。

先にも述べましたが、年長のもの（上級生や先輩）と年少のもの（下級生や後輩）との関係では、年長のものはお世話をしたり助けもするが、お節介もするし力を振るって下のものを泣かせてしまうこともあるでしょう。

年少のものからいえば年長のものは助けてもくれるから頼りになるし憧れの対象になるのですが、いじめられればその関係を保つことがいやにもなります。でも、この②の関係で、育つこころがあるのです。それが、『セルフコントロール（自制心）』

というわけです。
年長のものにとっては、親分やガキ大将になるためには小さな子を手なずけなければなりません。小さな子を手なずけるには、小さな子の信頼を勝ち取り小さな子の憧れの対象にならなければならないし、小さな子から尊敬される自分にならなければならないということを学習するといえます。それがこの②の関係なのです。
そして、小さな子の憧れの対象になり尊敬されるためには、ただ威張るだけでなく、自分の力を振るえばいいというものではないことに気づいていきます。つまり、自分自身をコントロールすることが重要であるということを学習するのです。
小さな子にとっても、この②の関係は重要です。大きなお姉ちゃんやお兄ちゃんに遊んでもらうには、ちょっとばかり無理なことをやらされても意地悪をされても、すぐに泣いてしまうようではだめだということを体験するからです。これが②縦軸の下半分の人間関係なのですが、そこで育つのは「自制心」というわけです。いま自制心のたりない子が多くなったとよくいわれますが、30年を振り返ってみますと、今の大人にも潜在している自制心のなさが顕在したに過ぎないということが判ります。

◆同年の子と争うことで何を学習したか

年長のものは年少のものを遊び仲間として受け入れてもはじめは〝みそっかす〟として扱います。〝みそっかす〟とは、子どもグループの一員ではあっても一人前とは見なされない子のことをいいます。かくれんぼをするときも年長のものはたくみに隠れるので年少のものには見つけられません。鬼ごっこでも、年長のものは速く逃げるので年少のものは追いつけないでしょう。こうなるとそのままでは小さな子はずっと鬼を続けるしかないわけです。それでは②の関係は育ちません。

でも②の関係ができると、年長のものは年少の子が傷つくような扱いをしなくなります。年少の子も泣いてばかりいれば〝みそっかす〟がずっと続くと思うから泣かないで我慢するようにもなります。というわけで②の関係はセルフコントロール（自制心）を育てるのです。でも同年の子と争うときはそうはいきません。

③の関係は、②の関係で『セルフコントロール』を学習した子が争いながらも互いに結びついていくほぼ同年同士―同級生や同輩の関係です。その関係の始まりには熾烈な戦いが繰り広げられることになります。

自分の力を培ってきた子が、全力を尽くしてぶつかり合うのだから戦いは壮絶ですが、そこで重大なことを学んでいきます。争うことによって自分をよく知るようになり、争うことによって他人をよく知るようになるからです。それこそが「自己認識」であり「他者認識」です。自立した人間になるにはこの「自己認識」と「他者認識」を獲得することはとても重要です。

「争うことはいけないことだ」という風潮があります。それは成熟した社会人にとっては重要なことですが、「自己認識」や「他者認識」を育てなければならない子にとっては、争うことは自他の認識を深めるチャンスであり、大切なのです。自他の認識を深めるこうしたチャンスを失わせてはいけません。同級生同士や同輩同士は、自己確立に向かって互いに争うこともまた重要なのですから。

教師を取り巻く人間関係

――肩の力を抜いて――

学校の中やクラスの中で、あるいは特定の生徒間に問題が生じたとき、多くの学校ではその実態を外部に知られまいとします。学校は地域のものであり地域住民のものなのに、地域住民に情報を公開しようとしないのです。たとえ情報公開をすべきだと考えた教師がいても、教育委員会、校長や教頭は地域住民に情報を公開するのをためらってしまうでしょう。

このような流れの中では、情報公開の必要性に気づいた教師といえども、自分の考えを述べることは至難のこととなります。教師を取り巻く人間関係はさまざまであり、教育委員会を始め校長や教頭との関係や親や生徒あるいは同僚との関係や地域住民との関係などきりがないほどです。入り組んだこの関係をクリアしなければ自己主張もできないのが現の教師ともいえます。ここでは教師にとって日常的に見られる人間関係を取り上げ、どう対処したらいいかを考えたいと思います。

◆上司や親たちとは信頼関係を軸につき合う

先に挙げた、人間関係の発達を思い出して下さい。上司との関係は〝①の関係ですから、自分は①の関係や、①′の関係で、どのような人間関係を築いてきたかを考えることが重要です。ということは、①の関係である自分の親子関係はどのようであったか、そして、①′の関係である自分が生徒であったとき教師とどのような関係を結ぶことができていたかを考えて欲しいのです。もしも『信頼』を基盤にした関係を築いてきたとはいえなかったなら、上司のいうことを非難したり批判したりする前に、自分のこころの育ちを見直してつくり直すことをしたいものです。

生徒たちの親との人間関係は、上司との人間関係とはかなり異なっています。もちろん生徒の親であり自分の親とは違うのは当たりまえですが、親とのつきあいを考えるにも自分と自分の親との関係を見直すとよいのです。親が自分の子のことでありながら「もう子どものことはわからない」といったり、あたかも自分の子のことはすべてわかっているといわんばかりの親とつき合うのはとても大変ですが、親のあるべき姿を追及するのではなく自分のことを省みながら自分と親との関係を思い出すことによって親と気持ちを通じさせることがだいじです。

自分の育ちを省みながら自分の性格を今一度見直し、さらに上司が何を自分に期待しているのかということをしっかりと把握するとともにできることから始めてみませんか。そうすることがおそらく与えられた仕事や期待によって生じるストレスを最小のものにするはずです。もちろんストレスになることは、新たに与えられる仕事によるものばかりでなく、仕事がなくなってしまうとか仕事が与えられないということからもきます。

人にとって最もストレスフルなのは無視されることだという人もいるほどなので、過剰適応でない範囲でそして燃え尽きない程度で期待に応えるようにしておきたいもの。肩の力を抜いてつき合う必要があるということになるともいえるでしょう。

◆生徒とのつき合いはセルフコントロールを軸に

教師になったからには、生徒に信頼される教師になることが重要であるというのはいうまでもないことでしょう。このことは誰もがいうことですがこれがなかなか難しいのです。いい教師になるというのは、生徒から信頼されるばかりか期待され、尊敬を受け憧れを向けられるような教師になるということですが、これもまた大変に難しいことなのです。でも、先に述べた人間関係の発達をベースにして生徒との関係づくりを考えれば、かなりの問題は解決するはずです。

まず信頼関係ですが、信頼関係を確立するためには、生徒を全面的に受け入れることから始めたいと思います。生徒が教師に依存するのは当たり前のことだからです。この〝当たり前さ〟を十分に認識して生徒とつき合えば、生徒は教師を十分信頼するようになるのです。

もちろん生徒によっては人を信頼するこころを育てるチャンスに恵まれなかったものもいるでしょう。このような生徒に出会ったときも、先の謂いに従えばいわば第2巡目の、①の関係をつくるために生徒の依存を十分に受け入れることから始めればいいのです。依存を充足してくれる人を信頼する子に育て、ほどよい関係ができたときに年長のものと年少のものという関係に両者の関係を変化させていくといいからです。

②の関係で育つこころはセルフコントロールですが、その重要なセルフコントロールが教師自身のこころのなかに育っていなければならないことはいうまでもありません。セルフコントロールを育てるような関係になれば生徒から信頼されるばかりではなく、尊敬され期待され憧れを向けられる教師になれるはずです。

ただし、そのときでもいうべきことはいい手助けもするが厳しく突き放すこともしなければなりません。年長のものは年少のものをお世話もするがお節介も力試しの相手にもするからです。ここでも、肩の力を抜いたつき合い方が必要であるということになりましょう。

◆同僚とのつき合いは自己認識と他者認識をめざして

もっとも難しいのは、同僚とのつき合いかも知れません。同僚とのつきあいとは、同年同士の人間関係といえますから、そこには競い合いがなければ成り立たないといえましょう。養護教諭の多くは一人職種であり、その意味では同職同僚がいません。言い換えれば、クラスを担任する教師や教科を担任する教師とは競い合えないまま引き下がってしまう怖れがあります。養護教諭が教壇に立てなかったということも競い合いを避けさせる理由の背景になっていました。文部科学省の指導で養護教諭も教壇に立てるようになりました。それはそれでよかったともいえますが、本来、教師は教壇に立てるか否かで評価されるべきではないと私は確信しています。

教師は、生徒のこころが真っ当に育っていくために何をすべきかを考え、どう行動するかを思索することが重要な役割だからです。この視点に立てば、クラス担任や教科担任に遠慮すべきではないし彼らと真正面からぶつかり合う養護教諭でなければならないといえましょう。同じように、クラス担任や教科担任は、自分のクラスのことにこだわって他のクラス担任と議論することを避けたり、養護教諭を閉め出したり、同僚とのつき合いを避けるようなことがあってはいけないのです。

教師のメンタルヘルスを考える上でもっとも難しいのが同僚とのつき合いということになったのは、生徒の数が減少しクラス数も減り教師が減ってきたことに要因を求めることができます。

なぜなら、いったん競い合いが始まると教師集団がバラバラになりかねないから

です。でも、同僚同士での競い合いがない集団では、「自己認識」も育たないばかりか「他者認識」も育たないのです。ということは、自分のいいところもわからないし悪いところもわからないということです。ということは他人のいいところがわからないばかりか悪いところもわからないことになりましょう。

肩の力を抜いて競い合うことによってひとりひとりの教師自身が自立をめざし、ストレスのない職場にする必要があると考えます。

ゆううつ症候群に陥っても

――いま、うつ病が大流行り――

人間関係から考えて、教師にとってストレスが少ない職場をつくるためにはどのような注意が必要かという点について考えてきましたが、ここでは一転して、もしストレスに押しつぶされそうになったら人はどのような症状を示すのかを考えてみたいと思います。ストレスに押しつぶされそうになっている人の多くは、半健康ともいわれる抑うつ状態を示していますが、そのすべてがうつ病というわけではありません。

◆「ゆううつ症候群」のもとは「自分らしさ」の未熟

そこで私は、これらの人々を「ゆううつ症候群」とネーミングし、その本体は自分づくりが不十分であったり自分づくりに失敗した結果、しっかりとした「自分らしさ」をもてないことにあると考えました。つまり、ゆううつ症候群に陥りやすいのは自分らしさをもたない人であり、こころの三角錐であらわしたあのこころの底面が狭い人であることに気づいたのです。うつ病が大流行といいますが、それはむしろ抑うつ感が全面に出た「ゆううつ症候群」の人が増えたということであり、その原因は自分らしさをもたない人が増えたということであると私は考えているのです。

◆背伸び症候群

包容力があり何ごとにも積極的で知的にも高く情緒が安定していると思われたDさんが、もう学校を辞めるし、教師も辞めるといい出しました。こころ豊かな教師だと親たちからも評判であったし、生徒にも慕われていた彼からのこの申し出には上司や同僚も驚かされたといいます。

いったいどのようなことがあったのか聞いてほしいと頼まれた友人は、本人とじっくりと話し合いましたが特定の出来事があったわけではないことが分かっただけで、ことの本質に迫れなかったといいます。

Dさんと話をした私は、自分の年齢にふさわしいしっかりとした自分らしさをつくらないまま大人になっていたことに気づきました。Dさんは、本人も気づかないほどのわずかなストレスに出会って自分のこころが思いもかけない動揺をきたし、足許をすくわれるような思いがして職を辞そうと考えたようでした。

そこで彼に、こころの三角錐を示して、底面の「自分らしさ」が狭い人によくありがちなことであり、辞めるか辞めないかは、もう少し後から判断することにして、いま考えなければならないのは「自分らしさ」を大きくすることであると説いたのです。

具体的には、自分は何をしたいと考えているのか、したいと思うことになぜ目がいかないのか手が出ないのか、自分がやりたいと思うことをさせない何かがあるのか、あるとすれば、それをどうすればいいのかということを考えるように努めてもらいました。

もともと素直な人で「知」「情」「意」のバランスはよくとれている人であり、こころの量はほどよく保たれていたので、彼のこころの三角錐はまっすぐに立っていたといえました。ただ、「自分らしさ」が十分に広がっていなかったために彼のこころは電信柱のように高いものになっていたと考えられました（121頁の図2を参照）。

「背伸び症候群」とは、このようなこころの姿をいいますが、風に揺れていない時にはすっきりとまっすぐに立っているし、なかなか美しいのですが、ひとたび風に揺られると揺れがなかなか止まらないばかりか、途中で折れてしまうこともあるというわけで、その実、不安定なこころでもあるというわけです。足許を充実しないまま上に伸びることばかりを考えてきた「背伸び症候群」は、「ゆううつ症候群」の予備軍であるといっていいと思っています。

◆引きこもり症候群

こころの中にある欲求とこころに引き入れた規範とが闘い、折り合いをつけたところが「自分らしさ」であると述べましたが、こころに潜む欲求を押しつぶすほどの規範を押し込んだり、せっかくこころの奥底にたまりかけた欲求を吸い上げてしまって欲求レベルを下げてしまうようなことがあると、人のこころは、なかなかまっとうには育たないとも述べました。

そこで述べた「欲求先取りタイプ」にも「規範押し込みタイプ」にも「引きこもり症候群」はみられます。なぜなら、ともにこころの核ともいえる「自分らしさ」をもたないからです。

「欲求先取りタイプ」は、欲求レベルが低いために規範を引き込む力がないので、こころの中は空っぽであることは前に図でも示しました。このタイプの人は、何がしたいのかと問いかけても「わからない」と答えるし、何かしようと誘っても「うざったい、面倒だ」と答えるでしょう。

このタイプは積極的に外界とつき合うこともしませんから、自分の殻に引きこもってしまいます。こころの形は持っているが、中身は空っぽなので何ごとにもあまり関心を示しませんし、自分なりに物事を処理する力はあまりありません。ましてや緊急事態に対処する力はないとすらいえます。

「規範押し込みタイプ」のこころのなかは規範で満杯ですから、行動も規範通りに行うことができます。勉強がよくできる人でも親に心配をかけていけないという規範をもつ人は、親に心配かけまいとよく勉強をしますから、いい高校やいい大学にはいることができるし、いい会社に就職もできるでしょう。しかしながら自分で何かやれといわれるとどうしていいかわからずパニックに陥り、自分に傷がつかないようにと一目散に自分の殻に引きこもってしまうのです。

◆睡眠障害と抑うつ感

「ゆううつ症候群」や「背伸び症候群」、あるいは「引きこもり症候群」とは全く違う脳の生理と深い関係にある睡眠障害と抑うつとが深い関係があることがわかってきました。

睡眠は生体のリズムのひとつでありそのリズムをつくっているところは間脳の奥深いところです。睡眠障害は間脳下垂体系を含む脳幹に過大なストレスがかかったときに起こるといえますが、同時にほかの身体のリズム障害を伴うこともあります。したがって睡眠障害を軽く考えてはいけないともいえます。

日照時間が短くなるとうつ状態に陥りやすい人がいます。季節とうつ状態は関係

が深いのです。季節の変化もリズムであり、生体のリズム障害があると環境のリズムに適応できなくなるとも考えられています。

こうした季節性のうつ状態には光を照射してあたかも日照時間が長くなったようにすることによって、うつ状態からの脱却を図るという治療が生まれました。これを光療法といいますが、生体のリズム障害という意味では直腸体温の変化や生体のメラトニンの変化などが指標となることも分かってきています。

このような生体リズムに起因する抑うつを従前からのうつ病として考えていいものかどうかが今、問われています。その意味では、私が提供した、「ゆううつ症候群」という概念は、うつ病の軽症化という意味とは異なって、これからわが国のメンタルヘルスを考える手がかりになると思っています。

自律神経失調症・心身症を生きる

――いつも絶好調ですか――

ストレスに押しつぶされそうになったら、多くの人はこころの半健康といってもいい抑うつ状態に陥ることを示しましたが、そのすべてがうつ病というわけではないともいいましたし、こういった抑うつ状態を私は「ゆううつ症候群」とネーミングしてきたわけです。

◆半健康で楽しみませんか

「ゆううつ症候群」はうつ病というわけではないのですから、広い意味でのこころの病いではあっても精神病ではありません。だからこそマスコミや精神科医の多くがうつ病が大流行というのを私は批判してきたつもりです。それはむしろ抑うつ感が前面に出た「ゆううつ症候群」の人が増えたということだと考えているからです。〝ほんもの〟のうつ病が増えているというわけではないのですが、こころの半健康状態が長く続くと自律神経失調症や心身症を病むようにもなってしまいます。これらは身体に症状が現れるという意味では身体の病いではあるのですが、その病いのおおもとはこころの問題であるということができます。私たちはいつも絶好調でいなければならないのではなく、ときには半健康を楽しむ気持ちにもならなければいけないのではないかと私は考えています。

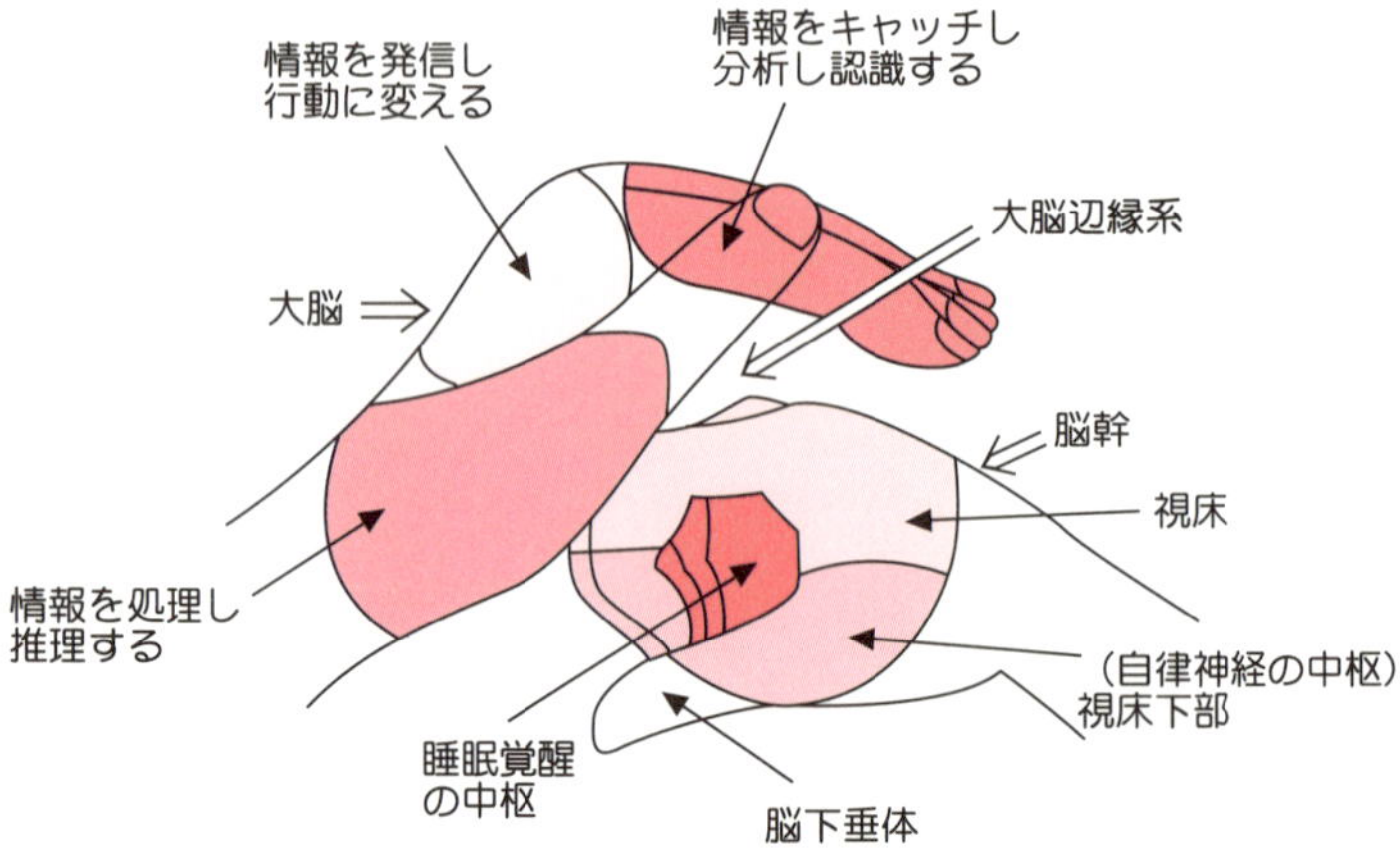

図4　両手で脳をつくる

◆脳とこころのつながり

ここでは、脳の働きについて考えてみましょう。脳の働きを考えるというとなにやら難しいことをいうようですが、図4に示したように両手を組み合わせて脳をつくってみると理解しやすくなります。脳は拳（こぶし）を覆った左手でつくった大脳と右手の拳でつくった脳幹、さらに左手の掌（てのひら）のところにへばりついている大脳辺縁系に分けることができますが、そのそれぞれが3つずつ大きな働きをしています。

大脳の後方つまり左手の指の方では外界から感覚器を通じて入ってくる「情報キャッチ」をして一次加工し、それを左手の親指のふくらみや手首の方である大脳の前方に送って「情報処理」を行うとともに記憶などとの照合を行って理解をしたり推理をすすめたりします。

こうした理解や推理に基づいて「情報発信」をするのが大脳の頂の方つまり左手の指の根元にあたるところです。こころは情報キャッチがうまく行われなければうまく働きませんし、「情報処理」が適切に行われなければ理解が進まないし推理も誤ってしまうのです。ここまでうまくいったとしても「情報発信」が正しく行われなければ情報がうまく筋肉に伝わりませんから表情も行動もぎくしゃくしてしまうし会話もうまく進まないというわけです。

◆こころと身体のつながり

さて右手でつくった脳幹ですが、ここはこころと身体をつなぐ働きをしているし身体の調節をしてくれているところといってもいいでしょう。脳幹の中心部、つまり右手でつくった拳の中には「睡眠覚醒中枢」があり、私たちの生活リズムを調節してくれています。この拳の下半分には「自律神経中枢」があり、自律神経を通じて私たちの身体を調節しています。右手の親指でつくった突起は脳下垂体を示していますがここは「内分泌中枢」であり、内分泌によって私たちの身体を調節しています。

左手の掌の部分は、いわば原始的な大脳ともいえるもので、生命維持のために働く脳幹とは異なった意味で生きるために必死に働いてくれている脳といえます。この「大脳辺縁系」も大きく分けると3つの機能があります。

その1は「短期記憶」を貯蔵する機能です。降りかかる生命の危険を避けるためには意識の集中とともに生起する事態を記憶して危険を避けることが重要です。原始的な大脳は安全の維持のための働きをしているといえます。さらに、危険を察知するためには「快・不快」といった原始的な感情が働くことも重要です。この機能がその2です。血糖値が下がると不快感が起こるので泣くという行動を起こさせるのも、腐った臭いをかぎ分けることによって危険を避けることができるのもこの脳の働きです。さらに本能的な欲求や行動を発信するのがその3の機能ですが、これも大脳辺縁系がもつ重要な機能です。

脳幹と大脳の狭間で働くこの大脳辺縁系はこころと身体を結びつける重要な働きをしてくれているわけですが、その反面、大脳がむやみに働きすぎて興奮さめやらぬときにはその興奮を脳幹に伝えないようにするというフィルターの役割をも果たしています。ストレスがかかりすぎて大脳の興奮がなかなか冷めないと脳幹にその興奮が伝わってしまい眠れなくなったり自律神経失調が起こりますが、大脳辺縁系はその間に立って興奮の伝達を調整する役割を果たしているともいえるでしょう。いうまでもないことですが、脳幹が興奮しすぎた状態で寝不足―つまり睡眠覚醒中枢がうまく機能しなくなると興奮が大脳にも及び情報キャッチを誤らせたり情報処理を誤らせてしまいます。こうしたことを防ぐ意味でも大脳辺縁系はたくみに興奮伝達の調整を行ってくれている大切な脳といえます。

◆心身症とその類似状態のいろいろ

このように、情報量が多すぎたり大きすぎたりすれば大脳の機能が乱れるばかりでなく脳幹の機能までも乱してしまうことがあります。そ

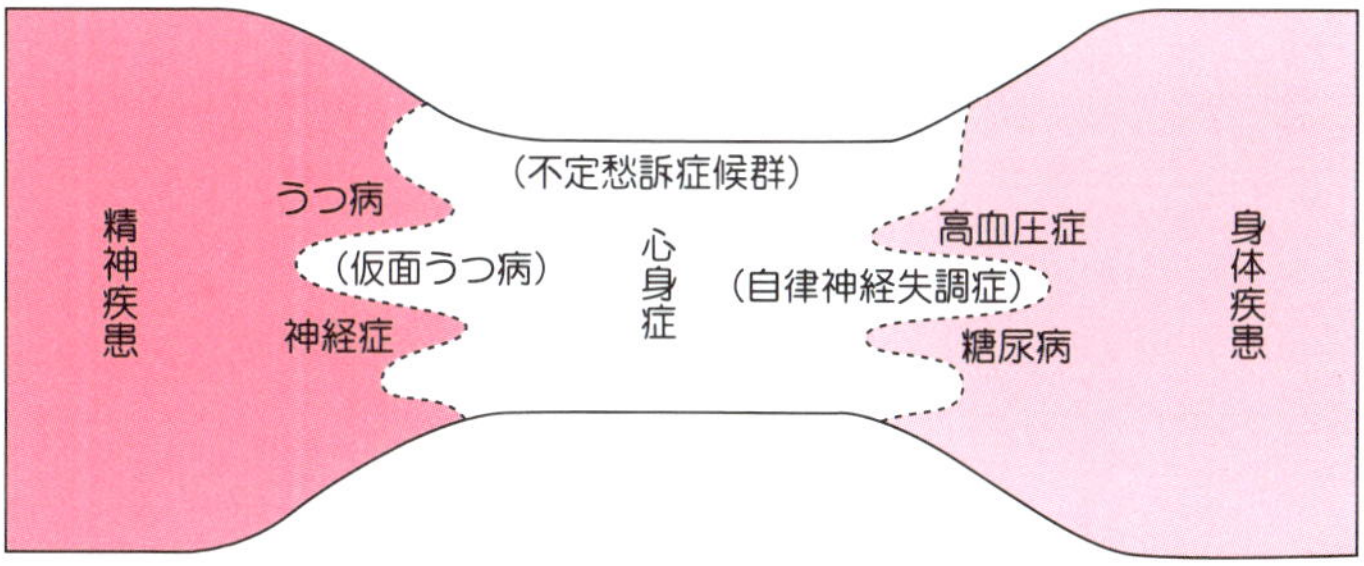

図5　心身症と類似状態との関係

の軽い表れは不眠であり身体の不調ですがそれを通り越してしまうと身体の機能が乱れ、疾患となって表に出るようになってしまいます。これが「心身症」です。心身症とその類似状態である、「仮面うつ病」や「不定愁訴症候群」あるいは「自律神経失調症」などとの関係は図5に示しました。

心身症には、循環器系のものには本態性高血圧や狭心症、呼吸器系には気管支喘息や過換気症候群、消化器系には胃・十二指腸潰瘍や過敏性大腸、内分泌系には神経性食思不振症や糖尿病、神経・筋系には緊張性頭痛や書痙などがあります。

こころに出発点があるとはいえ、身体の機能が乱れてできあがった身体疾患を精神療法だけで治そうとするのはやや無理があります。適切な身体治療を行う必要があるからです。ただし再発を防ぐためには精神療法や社会療法が適切に行われる必要があります。

ノイローゼからの脱却を図る

――自省は重要だが――

こころに負担が大きくかかると身体に何らかの症状が現れるということを述べてきましたが、その表れとしての身体の不調をあまり長い間無視すると、身体の病い―つまり心身症になるということも述べてきました。ただ、こうした身体の不調を無視しているうちにこころの不調どころかこころの病いに陥ることもあることを知る必要もあります。そのこころの病いとしての表れはノイローゼ（神経症）であったり心因反応であったり、ときには精神病であったりします。では精神病状態のような深刻な事態に陥らないようにするためにはどのような工夫が必要なのでしょうか。具体的な例を挙げながら考えていくことにしたいと思います。

◆自分を変える、自分が変わる

小学校教師であるZさんは、両親も教師であったのでなんの抵抗もなく教師になる道を選びました。小さいときから両親にとっても学校教師にとってもいい子で、よく勉強をしました。その甲斐もあって大学には浪人もせず合格、在学中に教員採用試験に合格し、卒業と同時にある県の教員に採用になりました。まさに彼女の人生は順風満帆のスタートであったといってもいいでしょう。その彼女が「登校拒否」を起こしたのです。もちろんここでいう登校拒否とは、一般的には「登社拒否」ともいわれるもので、職場に行けなくなってしまったことをいいます。

動機はよくわからなかったのですが、彼女の説明では「自分は親にも反抗しなかったしいい子だったと自負してきたが、世の中には親のいうことを聞かないどころか先生のいうことを聞こうともしない子がこんなにいるという、その現実につぶされてしまったような気がする」といっていました。

Zさんとの面接をしていて感じたことは、小さなときから見たくないものは見ないという考えがあったようで、同級生のなかにも親のいうことを聞かない子もいたしましてや教師のいうことを聞かない子もいたのに、そのような子には目を向けずひたすらいい子とつき合い、いつもいい子を演じつづけていたことがわかりました。

面接を進めながら彼女に指摘したことはそれだけです。つまり、周りを見ることができるようになることとそれが大人になるということだし、汚れを感じることができるようになることが大人になるということだという指摘をしただけでした。

そのことを伝えたあと、彼女はまるで憑き物が落ちたようにすっきりして、再び学校に出るようになりました。それまでとはうって変わって動きやすい洋服を身にまとい生徒と一緒に駆け回り、クラスの「悪《ワル》」とつき合って遅くまで学校にいるという教師に変身していったのです。彼女がいった「自分を変えることで、自分が変わっていく」という言葉がとても印象的でした。

◆周りを変える、周りが変わる

中学校教師のYさんは34歳、経験10年を過ぎた男性で数学の教師でした。問題をかかえていたのはこのYさんではなくその同僚のXさんでした。

XさんはYさんとほぼ同年、やはり経験10年の女性で国語の教師です。Xさんはまじめといえばまじめ、よく下調べもするし授業もなかなかうまいし、それだけに生徒の評判もいい教師でした。ただ同僚とのつき合いが少ないのが欠点といえば欠点といえました。

教師が力を合わせなければできないことがいろいろあるのが学校ですから、教師仲間から離れがちなXさんは同僚から見ると、生徒におもねているだけというやっかみ半分の批判もあったといいます。

Yさんはこの中学に赴任してからXさんのことが気にかかり、折に触れて話しかけるようにしていたようです。お互いに話をしている限りではおかしなことがあるわけでもない彼女が、同僚のことを話すときには口が重くなるのにYさんは気づいていました。なぜだかわからないままYさんはせめて同僚である限りXさんとつき合い、少しでも教師仲間に引き入れられればいいと考えていたといいます。

そんなある日、Xさんのクラスで大立ち回りの喧嘩が起こりました。学校中が巻き込まれるという大事件になってしまい、その事態に翻弄されたXさんはYさんに助けを求めたのです。あの冷静だったXさんが仕事は手に着かないし話すことはまとまりがないというわけで、どう見ても彼女はノイローゼ状態であったとYさんはいっていました。

このときをはずしては彼女を変えることはできないとYさんは判断して、作戦を練ったといいます。それが「周りを変える」という作戦でした。

◆現実から少し離れる、離れるのを見ていられる

つまり、問題のXさんを変えようとするのではなく、周りを変えることによってXさんが変わるチャンスをつくろうというのです。結論からいえば、この作戦は大成功しました。Yさんは、ほかの2、3の同僚とともにまず生徒が起こした問題の解決に奔走し、どろどろした現実から彼女を少し切り離そうともしました。はじめは、Xさんのクラスの問題なのに彼女を現実から切り離そうとするのは過保護ではないかという意見があったり、それまでの彼女の態度に反発を感じていた他の同僚はYさんの考えにあまり賛同しなかったといいます。ただYさんはねばり強く同僚を説

得しながらこの問題を教師仲間で共有しようと勉強会を開くことを提唱し、ようやく賛同者が集まり仲間づくりが始まりました。何回かの会合を続けるうちにこの問題はどのクラスにも潜在している問題ではなかったかという共通認識が生まれるようになり事態は急速に変化していったといいます。

こうしてXさんのクラスの問題だという矮小化したとらえ方をしなくなったことを感じたYさんは、その期を逃さずXさんを勉強会に誘ったのです。周りが変わってきたことを敏感に感じていたXさんもすぐにその勉強会に参加できました。それ以降、彼女は同僚ともうまくつきあえるようになったのです。

私はこの話を聞いているうちに、Yさんの卓見は、Xさんのノイローゼ状態を治療するために手を打つというのではなく、周りとの関係を変えることによって彼女を変えようとする作戦をとったところにあると感じたのでした。

現実に巻き込まれやすいのが人であるというなら、巻き込まれてしまっている人を現実からちょっと切り離してあげるということもノイローゼから脱却させるためには重要な手法であり作戦であることをあらためてYさんから学んだ私だったのです。

現実

メンタルヘルスとストレス

――ストレス理解を深める――

メンタルヘルスつまりこころを安全に保つために重要なのは、ストレスにどのように対処するかということでしょう。なにせ私たちは生きている限り何らかのストレスにさらされないことはないからです。何ごとにおいても相手に適切に対峙するためには相手をよく知ることが重要です。そこでストレスとはなにかをここでは考えてみようと思います。ストレスといえばセリエ博士を思い出す人もいましょうが、ここではストレスとはなにかということを考えるのにセリエ博士まで戻らないで、もっぱら現実的なレベルでストレス理解を深め、それぞれの人がストレス対策を工夫できるようにしたいと考え、いくつかのストレスモデルをお示しすることにします。

◆輪ゴムは伸び縮みする

まず図6を見て下さい。輪ゴムは伸ばしたり縮めたりを繰り返している限りはあまり伸びたっきりにならないで長持ちします。もちろん思いっきり伸ばしてしまえば切れてしまいます。また長い間、書類を丸めて輪ゴムで止めておくと、輪ゴムは

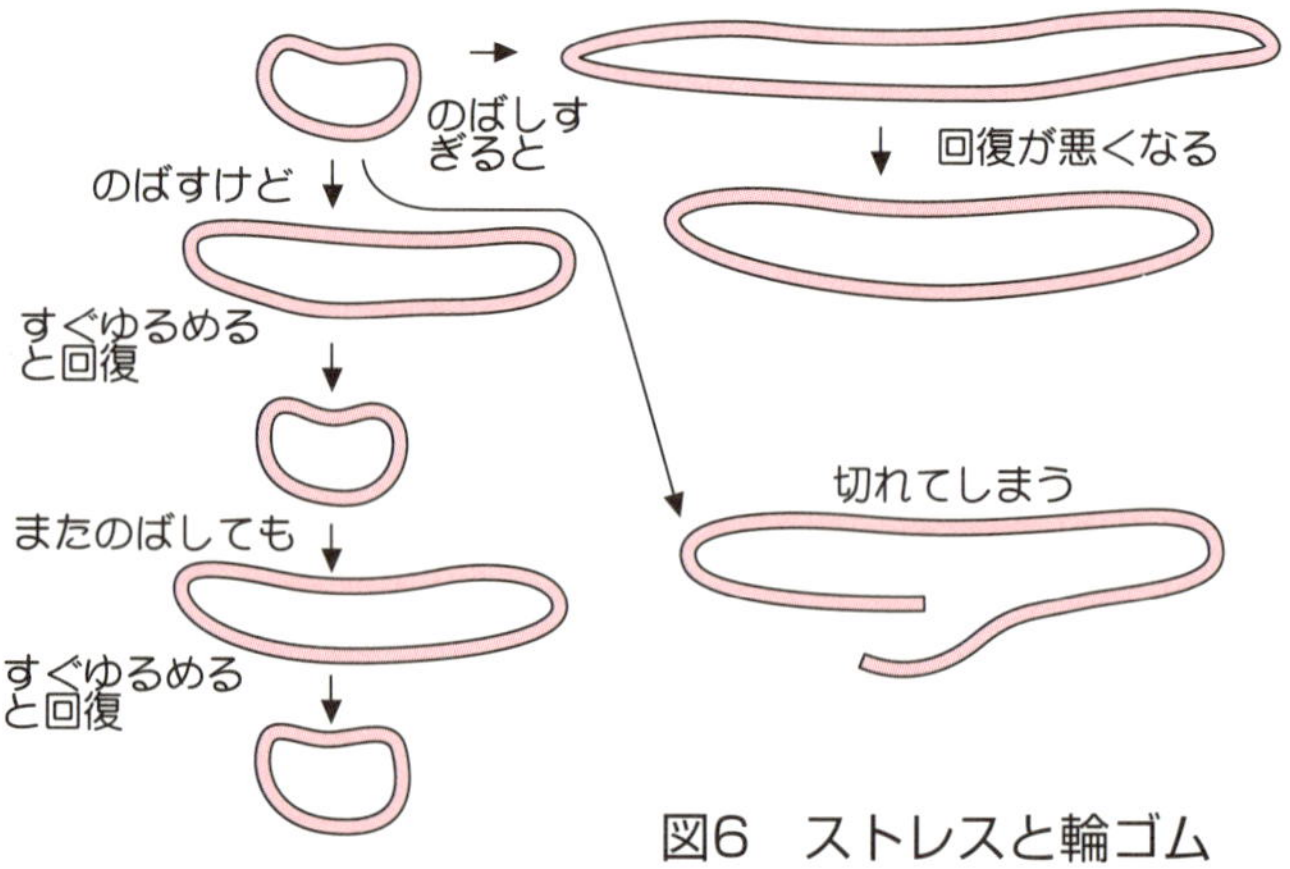
のばしすぎると
回復が悪くなる
のばすけど
すぐゆるめると回復
切れてしまう
またのばしても
すぐゆるめると回復
図6　ストレスと輪ゴム

もとのように縮まず、伸びたっきりになってしまうこともよく経験します。

こころを輪ゴムにたとえ、伸ばすということをストレスを掛けるということにたとえるなら、こころにストレスがかかってもそのストレスをすぐに緩めれば伸びた輪ゴムがもとのように縮むのと同じように、引っ張られたこころももとに戻るといえましょう。もちろん強大なストレスがかかればこころも引っ張られ過ぎて破れてしまい、もとには戻りません。また、わずかなストレスでも長い間ストレスを掛けっぱなしにすると、輪ゴムが伸びきってもとに戻らなくなるようにこころも引っ張られ過ぎてもとには戻らなくなるということもおわかりいただけると思います。

ストレスがかかるとこころは壊れてしま

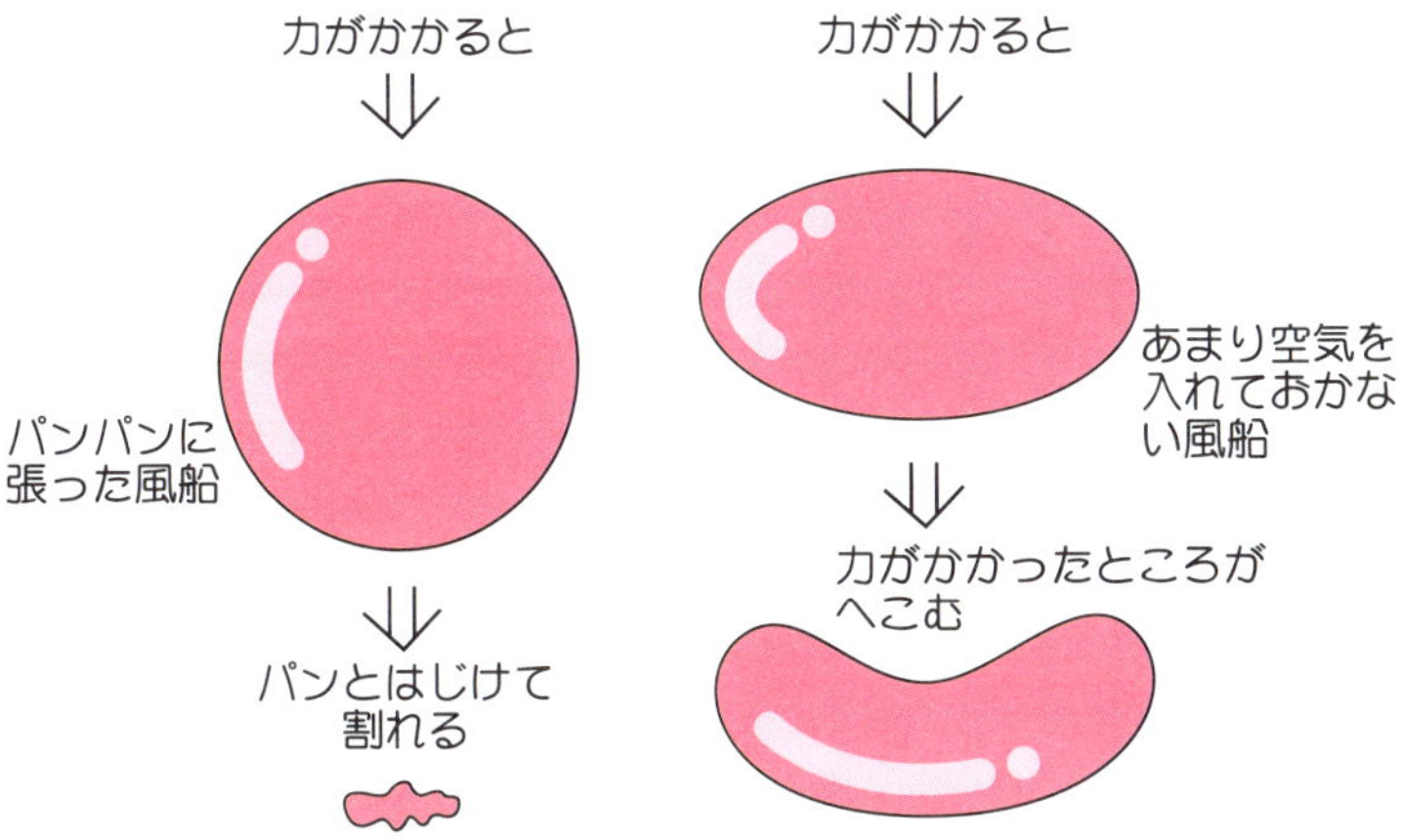

図7　ストレスと風船

うというわけではなく、ストレスがかかってもそのストレスを早く緩めることができればこころは長持ちするといえるのです。

◆空気の抜けた風船は割れない

図7を見てみましょう。パンパンに張った風船は充実感があるし存在感があります。それだけでなく、この風船はちょっとやそっと手で押しても、押しつけた手を跳ね返してしまうでしょう。でも先のとがった鉛筆がちょっと触れただけでも、空気がパンパンに入った風船はあっという間もなくパンと割れてしまいます。空気の抜けた風船は、見た目にはなんとなくだらしがないし美しい感じは与えません。この風船

を手で押さえつければ、押さえたところはへこみますが押さえていないところはむっくりと膨れ上がるはずです。またこの風船を針で刺して見たらどうでしょうか。風船は割れるどころか刺した針は中まで通ることすらあるはずです。

こころを風船にたとえてみます。いつもこころを張り切らせている人を見るとほほえましく思います。ときには称賛に値することもあるでしょう。張り切ったこころはちょっとやそっとの重荷を跳ね返す力があるはずです。でも、張り切ったこころには弱点もあるのです。それが「蜂のひと刺し」です。張り切っているだけにちょっとした悪口などによってこころをパンクさせてしまうのです。張り切っていないこころはなんとなく頼りないしだらしがないのですが、ストレスがかかってものらりくらりとしていますし、蜂のひと刺しで壊れることもありません。そこに妙味があるといえましょう。ということは、人は、少々抜けている程度がいいということにもなりましょう。

◆荷物を分かち合って山登りを

さて図8を見て下さい。この図は、ご来仰を仰ぎ、すばらしい写真を撮ろうとした人がひとりで機材を背負って山登りしたが、途中でくたびれて休んだためにご来仰を仰ぐこともできなかったしいい写真を撮ることができなかった姿を描いています。でも、もしも友だちを誘いみんなで機材をかつぎ、余力でビールを持ち込んだなら、ご来仰を仰ぐこともできるだろうしいい写真も撮れ、さらにビールで乾杯もできただろうにということを表してもいるのです。

私たちの日常にもこのような生活態度、つまり重荷を自分だけで背負って苦しんでいるということはないでしょうか。背負っている苦しみは、誰も分かちあってくれないと思い込んではいないでしょうか。もちろん背負っている重荷の内容によっては誰にも話せないこともあるでしょう。自分で墓場まで背負っていかなければならないという重荷もあるとは思いますが、自分だけでその重荷を背負い、つぶれてしまえばそこから先の人生がなくなってしまうでしょう。自分で背負っていかなけ

図8　重い荷物《ストレス》をどう背負うか

ればならないという思い込みをちょっと変えるだけで、ひょっとしたら人生に新たな展開が生まれるかも知れないとは思えませんか。

　大事なのは、ふだんからの人間関係です。人間関係を豊かに保つことが重荷につぶされないコツなのです。人は、助け助けられてこそ一人前なのです。誰にも助けを求めないような人間が自立した人間だというのは嘘です。私たちは助け助けられる人間関係を豊かにもって悠々と生きたいものです。

ストレスの解消方法

──合わせて自分づくりを──

「ストレス解消に王道はない」と言ってしまえば身も蓋もないことになりますが、一面それは正しい考えであり、適切な見方でもあります。ただ、私たちは〝凡人〟なのですから、どうしてもハウツウものがほしくなります。その証拠は、「どうしたらストレス解消ができるか、教えてほしい」という問いかけをしたくなってしまいがちなところです。

覚えておられるでしょうか。本章の冒頭で、人を見るときにはいくつかの軸から見ることができるようになろうと提案しました。せめて「年齢の軸」「健やかさの軸」「生活の軸」の3軸から人を見たいものだとも言ったはずです。ここでは、これまでに述べたことを振り返りながら、ハウツウものがほしいという期待に応えたいと思います。

◆自分の力に応じて

まず端的にいっておきます。過去の自分といまの自分は違います。年齢も違えば健やかさも違うし、生活している条件も違います。だから、自分のいまに応じて自分を考えなければいけないのです。ということは若かったときの自分のようにできないからといって焦る必要もないのです。年を重ねれば役割も増えるし役職にも就くでしょう。こうなれば当然のことながら責任の重さも役割の大きさも違ってくるはずですし、周囲からの期待のされ方も違ってきます。元南海の捕手であった某氏は、かっこよく〝生涯一捕手〟といっていましたが、捕手のまま監督を務めましたし、捕手を辞めてからの野球人生の方が遙かに長くなってしまいました。生涯一捕手どころではない人生を歩いておられるこの監督を見ると、人生は思いのままにはならないと言う言葉が思い出されます。

彼にすれば、本当は一捕手で野球人生の幕を引きたかったのかも知れません。でも周囲がそれを望まなかったのでしょうし、また選手としての能力とは別のマネジャーとしての能力に優れたものをもっておられたのでしょう。それを周囲が引き出したともいえます。だから、現役を引退しようとしたときに自分が自分へ下した評価とは異なった評価を、周囲の人々は彼に下していたことになります。

この監督のすばらしいところは、他人が発見してくれた能力を自在に使って新たな挑戦をしているところです。それは言い換えれば自分の力に応じて自分を使っているということにもなります。自分で自分のことはなかなかよくわからないといいます。彼もその一人であったのでしょう。こういうときは周囲の人が発見してくれる自分を本当の自分かも知れないと考え、その自分をそれまでの自分に加えようとすることがだいじです。こうしてできた新たな自分に応じて自分を発揮していけるようにすればいいともいえます。これをまた言い換えれば「無理をしないで生きる」ということにもなるのですが、そういってしまうとまた身も蓋もないことになるかも知れません。

◆ストレス発散を

「ストレス発散には何がいいですか」ともよく聞かれます。こんなとき質問する方も「運動ですよ、運動こそストレス発散には適当です」という答えを期待しているともいえます。それでいながらこんな答えを聞けば「なんと陳腐な答えだろう」と内心軽蔑してしまうはずです。「ストレス解消には、何かおいしいものを食べにいくことです」なんて答えをしようものなら、「食べ過ぎて太ってしまったら、どうしてくれる」といわぬばかりに怒った顔をされてしまうのがオチでしょう。それでいて、内心では「そうなんだよな、おいしいケーキなんか食べたらストレスなんかたちどころに解消してしまうけど」と同感しているはずなのです。いやはや、人はなかなか御しがたいものです。

でも、「なーんだ」といわれることを覚悟しながら、ストレス解消には3つの方法があることをお伝えしたいと思います。キーワードは「口、体、心」です。

まず「口」から、ご説明します。口は入り口であるとともに出口です。〝食べること〟も〝飲むこと〟もストレス解消になるし、〝話すこと〟もストレス解消になるというわけです。「なーんだ」でしょう。なぜ口を使うとストレス解消になるのかという説明を「オーラルリグレッションがストレス解消につながる」などといえばちょっとは学問的になるのでしょうが、わざわざそんなことをしなくてもいいのです。ともかくも、口を使えばストレス解消になると思えばいいのです。ただ、「口は災いのもと」ともいいますから、気をつけなければいけません。

「体」とは、身体を動かすことがストレス解消になるということです。やっぱり「なーんだ」でしょう。でも、ストレスがかかっているということは精神的な負担がかかっていることですし、余分な精神的なエネルギーがこころの負担になっているということなのですから、この精神的なエネルギーを運動のエネルギーに転換して発散することを図ればストレス解消になると説明すると何となく納得がいくでしょう。「汗をかけばストレス解消になる」といわれてきましたが、汗をかくほど身体を動かすといいというのは、それだけエネルギーを使ったということであり、余分に降りかかってきている精神的なエネルギーを、身体を動かすための運動のエネルギーとして消費したということなのですから。

「口、体、心」の「心」とはこころを意味します。こころを緊張させることで余分な精神的エネルギーを消費してストレス解消をしてしまおうというやり方です。ストレスがかかっているということはこころが緊張していることなのだから、ますますストレス状態になるのではないかと思われる人もいるでしょう。そうではないのです。ストレスとなっていることとはあまり関わりないことに熱中することで、よい意味での緊張感を体験することがストレス解消になるのです。これも「なーんだ」でしょう。

◆周りに援助を求めて

「ひとりで悩まないことが重要である」というのも、これまた「なーんだ」ということになると思います。でも「あなたは、自分のことを相談できる人が何人いますか」という問いかけにどのようにお答え下さるでしょうか。こういう問いかけに対して「たくさんいる」と答える人も「ひとりもいない」と答える人も、「あなたは人生の岐路に立ったときに危ない」といえます。

大切なのは、「ひとりで悩まない」ことですが、悩みを聞いてくれる人が「近親」、「友人・知人」、「公的な人」の3分野にわたっているということが重要なのです。ですから「たくさんいる」だけでもだめなのです。「近親」は、親でもいい、きょうだ

いでもいいし、いとこでもいいのです。「友人・知人」が大切なのはどなたもよくご存じでしょうが、この人たちに話せないこともあるはずです。こんなときでも、「公的な人」なら話せることもあります。公的な立場にある人には守秘義務がありますから守秘義務をもつ人を選ぶのもいいともいえましょう。このとき職種の違う人を選ぶのも重要な選択だと思います。

教師のメンタルヘルス

――王道はないが――

確かにストレス解消に王道はないのかも知れません。でも、王道は自分がつくるものだと考えればストレスを恐れる必要もないのです。

そこでこの章を終えるにあたって、自分づくりをめざしながら王道を築いていく「教師のメンタルヘルス」のあり方を探ってみようと思います。

◆地道な自分づくりから

教師たちは、「いまの子どもは、〝なぜ〟と問いかけるとおびえたような表情をする」といいます。「自分が、なぜ、そのようなことをしたのかわかっていないようだ」というのです。子どもたちに対して「何になりたい?」という質問をするのは愚であるどころか禁句であるともいいます。「子どもたちは、何をしていいかわからないのだ。何をすれば誉められるか、何をすれば受けるかは考えているが、将来、何をするかということは考えていない」とも教師たちからよく聞きます。そんな教師たちに、「では、あなたは、なぜ教師になろうと思ったのですか」という質問を投げかけてみると、困ったようなそれでいて愚にもつかない質問をするものだというような顔をされてしまいます。

もちろんこう問いかけた教師の年代によってもこの答えは違ってくるでしょう。年齢から来るものというだけではなく、その年代ごとに特有であった社会的な体験が違った答えをさせるといえます。かつて、「でも、しか教師」という言葉が流行りましたが、これは高度成長経済の時代に勤め口はいくらでもあったにもかかわらず、「まあ、教師でもやるか」とか「教師しかできない」という人が教師になったことを揶揄していった言葉です。でもここではそのことをとやかく言うつもりではありません。「自分は、何をめざして生きているのか」という問いかけを自分自身にしながら生きているかどうかということを問いかけたかったからこのような質問をしたということをおわかり下さい。

大切なのは、地道な自分づくりなのです。これこそがストレスに強くなる道であり、ストレスと仲良く生きていく道なのですから。

◆よい関係づくりを大切に

人と人の関係を大切に生きることを考えたいと思います。生徒には友達関係が重要だといいながら、自分の日常生活では同僚との関係はおろか家族との関係で夫婦や親子の関係が十分でない人も教師のなかに見受けます。あらためていいますが、人のこころは人と人との間で育まれるのです。それは子どものときだけではありません。孤独になることも大切だし孤独に耐えられるようにならなければなりませんが、独りでいることを求めすぎるようになるとそろそろ怪しくなるともいえましょう。

教師であるということは、人と関わりを持つ職業を選択したということです。その教師が人と人の関わりが煩わしくなったらば教師という職業を降りるしかないのです。たとえ「物」を介しているとしても、教師はその「物」の先に「人」がいることをきちんと認識しなければならないのが教師なのです。

コンピュータ時代のさなかに私たちはいます。インターネットで世界中の人と交信ができるといいます。メールを交換するために生徒の80％が携帯電話をもっている時代になっているのです。でもその「物」の先には必ず人がいます。そのことを忘れない教育が行われなければならないし、そのことをきちんと意識しながら教育をしていかなければなりません。その教育を担当する教師としては、どのような人間関係づくりをしていくのか、そのことがいま問われているのです。

あらためて申し上げておきますが、人間関係とはわずかに3段階しかないのです。その3段階をくるくるくると螺旋状にたびたび経験することによって人は成長をしていくのです。3段階とは、①自分と自分よりも大人との関係、②自分と自分よりも小さな人との関係、そして③自分と同じぐらいの年齢の人との関係だったはずです。この①、②、③の段階を順序よく踏みながら、そして何回も繰り返しながら螺旋階段を上りながらこころは成長していくのです。

①の関係では「信頼」が育ち、②の関係では「自制心」が育ち、③の関係では「自己認識と他者認識」が育つということを忘れないで下さい。自立するということは、その年齢にふさわしい関係を経て自分が獲得していくものであり、人間関係がその獲得を促すものなのです。

◆長い目でみた目標づくり

これまで私は思春期・青年期問題を考えるにあたって、思春期・青年期が生物的には早く始まるようになっている反面、社会的には思春期・青年期が遅くまで続くようになったことを取り上げて「思春期・青年期に間のび現象が見られる」と言ってきました。さらに同様な手法で、思秋期・更年期の終わりが生物的には遅くなる反面、社会的には思秋期・更年期が早く始まるようになったと考え、「思秋期・更年期の間のび現象が見られる」とも言ってきました。これは67頁に図1にして示してあります。

こうした私の主張は多くの人に容認されましたが、いま問題になるのは80年の長きにわたって生きることになった老年期・臨死期の生き方だと思います。なぜなら、昭和30年代であれば人生は誕生から学齢の終わりまでのほぼ20年、大人としての35年、老いとともに生きる10年でしたが、これがいまや25年・35年・20年になりました。長寿になるとともに老年期・臨死期に間のびが押し寄せてきているといえましょう。

こうした大きな変化を読みとりながら生徒に接することも重要なのですが、教師自身もこうした大きな流れのなかに生きていることを自覚しながら、長い目で見た人生の目標をつくらなければならないときにきているといえるのです。言い換えれば、人生の目標をいくつかに分割して持つようにしなければならないようにもなってきているといえましょう。

目前のストレスをどのように解消するかということもとても重要なのですが、長期的視野に立って人生の見直しを図りながら目標を変えること、そしてご自身のメンタルヘルスを向上させる手だてを考えることもとても重要なことだと考えます。

おわりに

何ごとも気づいたときが始まり。気づきこそが人生を変えるチャンスですから、いま、すぐ自分づくりを始めませんか。

ここまで、お読みいただき有難うございました。そして「こころ」について一緒に考えて下さったことに感謝します。「道なお遠し」の感がありますがご一緒に歩いていきましょう。

あとがき

　これまで、いくつかの本を書き、そのあとがきのなかでも触れたことがありますが、本を読んでくださる方のなかには「あとがき」から読まれる方がおられます。なにを隠そう私自身がそうなのですが。本にははしがきや本文ではどうしても構えがちになる著者でも、あとがきともなりますとちょっとリラックスして書くようです。その点、私も同じです。ですから、いまの私はとてもリラックスした気分です。

　少年写真新聞社とのおつきあいはもう長いことになります。私が沖縄から戻り、東京住まいを始めて間もない頃のことだったように思います。もうなにがきっかけであったか忘れてしまいましたが、私が沖縄から戻って勤め始めた保健所の一室に現れたのが松本美枝子さんでした。この方はよく話す方でした。おつきあいのある方ならここで〝にやっ〟とするはずです。

　こうして少年写真新聞社との関係が始まったのですが、その局面はいろいろです。本書になったようなシリーズをこれまでに何本か依頼されましたし、壁新聞も何回か作らせていただきました。なにせ、こころを絵にしようというのですから大変です。私は長いことこころを形にして伝えることを考えてきたものですから、それほどの苦労はないのですが、ご担当とすればご苦労が多かったのでしょう。ですから感謝もされました。

「少年写真新聞社」という名称からもおわかりいただけると思いますが、この社では、いま申し上げましたようなきれいな絵柄の壁新聞を作っていました。小学校や中学校によく出入りしていた私は、社名こそ記憶にはなかったもののこの壁新聞はよく見ていたものです。ですから何となく親しみもありました。そこに松本さんというキャラクターが加わったのですから、お手伝いにも力が入るというものです。

とまあ、こういうわけで、この本ができたのです。１９９９年3月には、「恐ろしい薬物乱用」という本の監修をするという大役もいただきましたし、このように本書の改訂増補版を出して下さいます。ですからこれからもご縁が続くのではないかとひそかに期待もしています。本の作り手もそうでしょうが、書き手も気分が乗りませんと書けません。いい本を作るには作り手と書き手がいい関係にならなければだめなのだと私は思っています。

私は、２００1年1月で国立精神・神経センター精神保健研究所の所長を退官し、名誉所長になりました。本書の初版をこの肩書きで書かせていただきましたのは、先述したようにすでに現職のときに書いたものをリライトしたからです。いまは中部学院大学（岐阜県関市）の大学院教授を務めています。ここで院生に講義をしたり論文指導をするほか学部学生の講義を受け持っています。

本は、読み手がいなければ、書き手と作り手の自己満足をさせるものとなるだけです。だからこそ私は、「この本をお手に取っていただき、有難うございます」と感謝申し上げるのです。この本が、お読みいただいた方々の明日からの子育てや教育にお役に立つとすれば、これほどうれしいことはありません。どのようなご批判でも結構です。お寄せくださることをお待ち申し上げております。

2008年5月
新緑に輝く新宿御苑のほとりで

吉川武彦

著者：吉川武彦（きっかわ・たけひこ）

医学博士。琉球大学教育学部教授、国立精神・神経センター武蔵病院部長から2001年1月まで精神保健研究所所長。現在同所名誉所長。2001年4月から中部学院大学大学院人間福祉学研究科教授。2005年4月から同大学院研究科長。

著者に「こころが危ない」（関西看護出版)、「いま、こころの育ちが危ない」（毎日新聞社)、「『引きこもり』を考える」（NHK出版）「徹底図解　うつ病」（法研）「恐ろしい薬物乱用」（少年写真新聞社)、「精神保健マニュアル（第3版)」（南山堂)、「実践・ロールシャッハ法」（関西看護出版）他多数。

子どものこころのS・O・Sをどう「きく」か

2001年6月20日 旧版第1刷発行
2008年7月 1日 新版第1刷発行
発　行　所　株式会社　少年写真新聞社　〒102-8232 東京都千代田区九段北1-9-12
TEL 03-3264-2624　FAX 03-5276-7785
URL　http://www.schoolpress.co.jp/
著　　　者　吉川 武彦
発　行　人　松本　恒
印　　　刷　株式会社 豊島

ISBN978-4-87981-265-0-C0037